组织学与胚胎学学习指导

ZUZHIXUE YU PEITAIXUE XUEXI ZHIDAO

主　编　蒋杞英　胡艳秋
副主编　文曙光　李　慧
编　者　王国英

河南大学出版社
·郑州·

图书在版编目(CIP)数据

组织学与胚胎学学习指导/蒋杞英,胡艳秋主编. —郑州:河南大学出版社,2015.3(2019.1重印)

ISBN 978-7-5649-1933-7

Ⅰ.①组… Ⅱ.①蒋… ②胡… Ⅲ.①人体组织学-医学院校-教学参考资料 ②人体胚胎学-医学院校-教学参考资料 Ⅳ.①R32

中国版本图书馆 CIP 数据核字(2015)第 066390 号

责任编辑　付会娟
责任校对　李亚涛
封面设计　王四朋

出版发行　河南大学出版社
　　　　　地址:郑州市郑东新区商务外环中华大厦 2412 号
　　　　　邮编:450046
　　　　　电话:0371-86059712(高等教育出版分社)
　　　　　　　　0371-86059713(营销部)
　　　　　网址:www.hupress.com
排　　版　郑州市今日文教印制有限公司
印　　刷　河南育翼鑫印务有限公司
版　　次　2015 年 4 月第 1 版
印　　次　2019 年 1 月第 3 次印刷　　开　本　787mm×1092mm　1/16
印　　张　11.25　　　　　　　　　　字　数　246 千字
定　　价　25.00 元

(本书如有印装质量问题,请与河南大学出版社营销部联系调换)

前　言

组织学与胚胎学是重要的医学基础课程之一，它包括组织学和胚胎学两门形态学科。

在组织学与胚胎学的学习及长期教学过程中，仅仅依靠听课和阅读教材，很难抓住和理解其重点内容，难以对该学科的内容进行充分地消化和吸收。因此，我们编写了《组织学与胚胎学学习指导》这本教材。本教材适用于医学本科五年制的学生和本硕班七年制的学生，也可作为研究生入学和专升本考试的参考书，还可作为本专业教师在教学和命题时的参考。

本教材按照《组织学与胚胎学》（第八版）的内容编写，共有25章，每章分为3个部分：本章重点内容、各型试题和参考答案。各型试题中包括名词解释、填空题、单项选择题和问答题四个部分。本教材第1章由蒋杞英和王国英编写；第2~7章和第10~11章由李慧编写；第8~9章、第12章、第14章、第20章由蒋杞英编写；第13章、第15~19章由胡艳秋编写；第21~25章由文曙光编写。本教材各章重点突出，重点内容以不同的题型从不同的侧面提出问题，以反复强化的方式使学生掌握组织学与胚胎学的重点和难点。

在本教材编写过程中，由于编者水平有限，难免有疏漏不当之处。恳请专家、教师同行和学生批评指正，以便今后再印刷或再版时修改和完善。

编　者
2015年1月

目 录

第1章 组织学绪论 ………………………………………………………（ 1 ）
第2章 上皮组织 …………………………………………………………（ 6 ）
第3章 结缔组织 …………………………………………………………（ 14 ）
第4章 血液 ………………………………………………………………（ 22 ）
第5章 软骨和骨 …………………………………………………………（ 30 ）
第6章 肌组织 ……………………………………………………………（ 38 ）
第7章 神经组织 …………………………………………………………（ 47 ）
第8章 神经系统 …………………………………………………………（ 56 ）
第9章 眼和耳 ……………………………………………………………（ 61 ）
第10章 循环系统 …………………………………………………………（ 68 ）
第11章 皮肤 ………………………………………………………………（ 77 ）
第12章 免疫系统 …………………………………………………………（ 84 ）
第13章 内分泌系统 ………………………………………………………（ 90 ）
第14章 消化管 ……………………………………………………………（ 98 ）
第15章 消化腺 ……………………………………………………………（104）
第16章 呼吸系统 …………………………………………………………（111）
第17章 泌尿系统 …………………………………………………………（118）
第18章 男性生殖系统 ……………………………………………………（126）
第19章 女性生殖系统 ……………………………………………………（131）
第20章 胚胎学绪论 ………………………………………………………（139）
第21章 人胚发生和早期发育 ……………………………………………（142）
第22章 颜面和四肢的发生 ………………………………………………（155）
第23章 消化系统和呼吸系统的发生 ……………………………………（160）
第24章 泌尿系统和生殖系统的发生 ……………………………………（164）
第25章 心血管系统的发生 ………………………………………………（168）

第 1 章　组织学绪论

【本章重点内容】

1. 组织学的研究内容；
2. 常用组织学技术方法；
3. 石蜡包埋切片法和 HE 染色方法。

【各型试题】

一、名词解释

1. 超微结构。
2. HE 染色法。
3. 免疫组织化学。
4. 组织。
5. 亲银性和嗜银性。
6. 异染性。
7. 电子密度。

二、填空题

1. 组织学是研究机体_____及其_____的科学。
2. 电镜下观察的结构称_____，常用电镜有_____和_____。
3. 组织学常用的切片是_____，常用的染色法是_____和_____染色，简称_____染色，易于被酸性染料着色的性质称为_____，易于被碱性染料着色的性质称为_____。
4. 细胞包括_____、_____、_____三部分，细胞器主要有_____、_____、_____、_____、_____、_____、_____。

三、单项选择题

1. 最常用的组织学标本制作方法有(　　)。
   A. 石蜡包埋切片法　　B. 铺片法　　C. 涂片法　　D. 磨片法
   E. 冰冻切片法

2. 一般情况下,对苏木精染料亲和性强的结构是(　　)。
   A. 细胞质　　B. 细胞核　　C. 细胞膜　　D. 线粒体
   E. 高尔基复合体

3. HE染色中易被苏木精着色的物质具有(　　)。
   A. 嗜酸性　　B. 嗜碱性　　C. 中性　　D. 异染性
   E. 嫌色性

4. 苏木精作为一种染料具有(　　)。
   A. 嗜酸性　　B. 嗜碱性　　C. 酸性　　D. 碱性
   E. 中性

5. HE染色中所说的嗜酸性是指(　　)。
   A. 对伊红亲和力强　　B. 对苏木精亲和力强
   C. 对过碘酸亲和力强　　D. 对甲苯胺蓝亲和力强
   E. 对硝酸银亲和力强

6. HE染色中,嗜酸性结构被染成(　　)。
   A. 紫蓝色　　B. 天蓝色　　C. 红色　　D. 黑色
   E. 黄色

7. 在PAS反应中多糖被过碘酸氧化形成(　　)。
   A. 羧基　　B. 羟基　　C. 巯基　　D. 醛基
   E. 氰基

8. PAS反应能显示组织细胞内的(　　)。
   A. DNA　　B. RNA　　C. 多糖　　D. 蛋白质
   E. 脂肪

9. 免疫组织化学技术可以用来检测细胞或组织中的(　　)。
   A. 多糖　　B. 脂肪　　C. 蛋白质和多肽
   D. 磷脂　　E. DNA

10. 免疫组织化学指(　　)。
    A. 免疫组织中的化学组成
    B. 用已知抗体去检测组织、细胞中的抗原
    C. 用组织化学技术观察免疫器官
    D. 体液免疫和细胞免疫

E. 用组织化学技术观察免疫细胞

11. 显示脂类常用(　　)。
    A. 甲苯胺蓝　　　　B. 苏丹染色　　　C. PAS 反应　　　D. HE 染色
    E. 硝酸银染色

12. 电镜技术中,电子密度高是指(　　)。
    A. 吸附重金属多,照片上呈黑或深灰色
    B. 吸附重金属少,照片上呈黑或深灰色
    C. 吸附重金属多,照片上呈浅灰色
    D. 吸附重金属少,照片上呈浅灰色
    E. 不吸附重金属,照片上不显色

13. 观察细胞和组织表面的形态结构用(　　)。
    A. 荧光显微镜　　　B. 相差显微镜　　C. 透射电镜　　　D. 扫描电镜
    E. 倒置显微镜

14. 普通光镜观察的组织切片一般厚度为(　　)。
    A. 5~10mm　　　　B. 5~10μm　　　　C. 5~10nm
    D. 0.5~0.7mm　　　E. 10~20μm

15. 普通光学显微镜的最高分辨率一般为(　　)。
    A. 0.2μm　　　　　B. 0.5μm　　　　　C. 1.0μm　　　　D. 0.2nm
    E. 1.5nm

16. 目前透射电镜的最高分辨率为(　　)。
    A. 1.0~2.0μm　　　B. 0.1~0.2μm　　　C. 1.0~2.0nm
    D. 0.1~0.2nm　　　E. 10~20nm

四、问答题

1. 简述免疫组织化学术的基本原理和应用意义。
2. 简述原位杂交术的基本原理和应用意义。
3. 简述细胞培养术的特点和应用意义。

【参考答案】

一、名词解释

1. 超微结构:电镜下所观察到的形态结构称为超微结构,又称电镜结构。
2. HE 染色法,即是苏木精－伊红染色法。苏木精染液为碱性,主要使细胞核内的染色质与胞质内的核糖体着紫蓝色;伊红为酸性染料,主要使细胞质和细胞外基质中的成分着红色。易于被碱性或酸性染料着色的性质分别称为嗜碱性和嗜酸性;对两种染料的亲和力都不强,则称中性。

3. 免疫组织化学:免疫组织化学是根据抗原与抗体特异性结合的原理检测组织中肽和蛋白质的技术。

4. 组织:结构相似、功能相近的细胞及细胞间质构成组织。

5. 亲银性和嗜银性:组织细胞浸于硝酸银溶液时,可使硝酸银还原,被银颗粒附着,呈棕黑(黄)的染色特性称亲银性。有的组织细胞对硝酸银无直接还原能力,需外加还原剂,才能将银盐还原为银颗粒,沉着于其上,使之显色,称嗜银性。

6. 异染性:某些组织细胞成分在常规染色时为嗜碱性,被染成蓝色;但当用其他碱性染料染色时却显示与之不同的异常染色现象称为异染性。如用甲苯胺蓝染色时,肥大细胞的颗粒被染成紫红色。

7. 电子密度:当用重金属盐染色时,标本中不同结构成分与重金属盐结合的程度不同,从而在荧光屏上出现相应的明暗反差图像。图像越暗,称为电子密度高,反之,称为电子密度低。

二、填空题

1. 微细结构　相关功能
2. 超微结构　透射电镜　扫描电镜
3. 石蜡切片　苏木精　伊红　HE　嗜酸性　嗜碱性
4. 细胞膜　细胞质　细胞核　线粒体　粗面内质网　滑面内质网　高尔基复合体　溶酶体　核糖体　微体

三、单项选择题

1. A　2. B　3. B　4. D　5. A　6. C　7. D　8. C　9. C　10. B　11. B　12. A　13. D　14. B　15. A　16. D

四、问答题

1. 简述免疫组织化学术的基本原理和应用意义。

免疫组织化学术是应用抗原与抗体特异性结合的原理,检测组织中的多肽和蛋白酶的技术。肽和蛋白质均具有抗原性。当把人或动物的某种肽或蛋白质作为抗原注入另一种动物体内,其体内会产生针对该抗原的特异性抗体。从血清中提取出抗体后,与标记物相结合,即成为标记抗体。在显微镜下通过观察标记物即可获知肽或蛋白质的分布部位。这种方法特异性强、敏感度高、进展迅速、应用广泛,成为生物学和医学众多学科的重要研究手段。目前在医学方面的应用已不仅限于基础研究,而且已用于疾病的早期迅速诊断。

2. 简述原位杂交术的基本原理和应用意义。

原位杂交术,即核酸分子杂交组织化学术,它是通过检测细胞内 mRNA 和 DNA 序列片段,原位研究细胞合成某种多肽或蛋白质的基因表达。其基本原理是根据两条单链核苷酸互补碱序列专一配对的特点,应用已知碱序列并且具有标记物的 RNA 或 DNA 片段即核酸探针,与组织切片或细胞内的待测核酸进行杂交,通过标记物的显示,在光镜或电镜下观察目的 mRNA 或 DNA 的存在与定位。常用的标记物有放射性核素($^{35}_{16}S$、$^{32}_{15}P$、$^{3}_{1}H$ 等)与地高辛。

3. 简述细胞培养术的特点和应用意义。

细胞培养术是把从机体取得的细胞在体外模拟体内的条件下进行培养的技术。培养的条件包括适宜的营养、生长因子、pH 值、渗透压、O_2 和 CO_2 浓度等,还需严防微生物污染。营养液用含有各种营养成分的人工合成培养基配制,内加 5%～10% 的胎牛血清。首次从体内取出的细胞进行培养,称原代培养。当细胞增殖,长满瓶壁时,必须将其按一定比例分散到若干个瓶中继续培养,称传代培养。经长期培养而成的细胞群体,称细胞系。从细胞系中选择单个细胞进行培养,所形成的细胞群体称细胞株。体外培养的细胞、组织和器官不仅可以用于研究其代谢、增殖、分化、形态和功能变化,还可以研究各种理化因子(激素、药物、毒物、辐射等)对活细胞的直接影响,获得体内实验难以达到的简便、迅捷的效果。

第 2 章 上皮组织

【本章重点内容】

1. 上皮组织的一般特点及分类；
2. 被覆上皮的分类、结构特点及主要分布；
3. 细胞表面的特化结构。

【各型试题】

一、名词解释

1. 极性。
2. 基膜。
3. 质膜内褶。
4. 连接复合体。
5. 微绒毛。
6. 纤毛。
7. 内皮。
8. 间皮。
9. 被覆上皮。
10. 半桥粒。
11. 腺上皮和腺。

二、填空题

1. 上皮组织主要可分为_____和_____两大类。
2. 被覆上皮根据细胞的层数可分为_____和_____。根据细胞的形态，前者又可分为_____、_____、_____和_____；后者分为_____、_____和_____。

3. 分布于心血管及淋巴管腔面的单层扁平上皮称为_____,位于胸膜、腹膜及心包膜表面的单层扁平上皮称为_____。

4. 复层扁平上皮根据表层细胞结构的不同又可分为_____和_____。角化型复层扁平上皮主要分布于_____,未角化型复层扁平上皮主要分布于_____、_____等腔面。

5. 上皮细胞的特殊结构中位于游离面的有_____和_____;位于侧面的有_____、_____、_____和_____;位于基底面的有_____、_____和_____;具有两种以上的细胞连接称_____。

6. 以腺上皮为主构成的器官称为_____,根据有无导管,腺分为_____和_____。

7. 组成假复层纤毛柱状上皮的四种细胞分别为_____、_____、_____和_____,假复层纤毛柱状上皮主要分布于_____。

8. 单层柱状上皮具有_____和_____等功能,其主要分布于_____、_____和_____等器官。

9. 单层立方上皮主要分布于_____和_____,主要功能为____。

10. 上皮细胞具有极性,朝向身体的表面或有腔器官的腔面为_____;与游离面相对的朝向深部结缔组织的一面为_____;而上皮细胞之间的连接面为_____。

三、单项选择题

1. 光镜下所见的纹状缘或刷状缘是由电镜下( )组成。
   A. 微管　　　B. 微丝　　　C. 纤毛　　　D. 微绒毛
   E. 张力丝

2. 上皮细胞借助于下列( )结构固定于基膜。
   A. 缝隙连接　B. 紧密连接　C. 黏液　　　D. 中间连接
   E. 半桥粒

3. 假复层纤毛柱状上皮主要分布于( )。
   A. 食道　　　B. 小肠　　　C. 膀胱　　　D. 气管
   E. 外耳道

4. 单层立方上皮分布于( )。
   A. 血管　　　B. 胃　　　　C. 子宫　　　D. 输尿管
   E. 肾小管

5. 器官( )含有单层柱状上皮。
   A. 血管　　　B. 膀胱　　　C. 皮肤　　　D. 小肠
   E. 食道

6. 未角化复层扁平上皮分布于( )。
   A. 食管　　　B. 气管　　　C. 输卵管　　　D. 输精管
   E. 输尿管
7. 具有明显极性的细胞是( )。
   A. 上皮细胞　　　　　　　B. 结缔组织细胞
   C. 神经细胞　　　　　　　D. 肌细胞
   E. 卵细胞
8. 电镜下观察纤毛的重要结构特点是内含( )。
   A. 9组双联微管　　　　　B. 9组三联微管
   C. 9组三联微管和2条中央微管
   D. 9组双联微管和2条中央微管
   E. 中部有基体
9. 未角化的复层扁平上皮不存在于( )。
   A. 口腔的腔面　　　　　　B. 食管的腔面
   C. 胆囊的腔面　　　　　　D. 阴道的腔面
   E. 角膜的腔面
10. 较厚的基膜电镜下可分为( )。
    A. 透明层和网板　　　　　B. 基板和基质
    C. 基板和网板　　　　　　D. 网板和基质
    E. 网板和致密层
11. 半桥粒位于( )。
    A. 闰盘　　　　　　　　　B. 骨骼肌细胞间
    C. 骨细胞间　　　　　　　D. 平滑肌细胞间
    E. 上皮细胞基底面
12. 变移上皮分布于( )。
    A. 膀胱　　　B. 阴道　　　C. 口腔　　　D. 胃　　　E. 淋巴管
13. 器官( )的黏膜上皮为复层扁平上皮。
    A. 食管　　　B. 小肠　　　C. 膀胱　　　D. 胃　　　E. 气管
14. 关于上皮组织组成的说法,正确的是( )。
    A. 由较少的细胞和较多的细胞间质组成
    B. 由较多的细胞和少量的细胞间质组成
    C. 由较少的细胞和较多的纤维组成
    D. 细胞成分和细胞间质成分各占一半
    E. 细胞成分和纤维成分各占一半

15. 角化的复层扁平上皮主要分布于(　　)。
    A. 口腔　　　B. 阴道　　　C. 皮肤　　　D. 膀胱　　　E. 肛门
16. 下列关于上皮组织特点的描述,错误的是(　　)。
    A. 由密集排列的细胞和少量的细胞间质组成
    B. 具有极性,可分为游离面、基底面和侧面
    C. 借基膜与结缔组织相连
    D. 上皮内有血管
    E. 上皮内有丰富的神经末梢
17. 下列关于单层扁平上皮的描述,错误的是(　　)。
    A. 又称单层鳞状上皮
    B. 由一层紧密排列的扁平细胞和少量细胞间质组成
    C. 细胞间无连接
    D. 可分为内皮和间皮
    E. 细胞边缘呈锯齿状
18. (　　)中可见杯状细胞。
    A. 单层扁平上皮和单层立方上皮
    B. 单层立方上皮和复层扁平上皮
    C. 单层扁平上皮和复层柱状上皮
    D. 单层柱状上皮和假复层纤毛柱状上皮
    E. 假复层纤毛柱状上皮和复层扁平上皮
19. 人体中最耐摩擦的上皮为(　　)。
    A. 单层扁平上皮　　　　　　B. 复层扁平上皮
    C. 单层立方上皮　　　　　　D. 单层柱状上皮
    E. 变移上皮
20. 关于假复层纤毛柱状上皮特点的描述,错误的是(　　)。
    A. 单层上皮　　　　　　　　B. 复层上皮
    C. 细胞形态高矮不一　　　　D. 所有细胞均附着于基膜
    E. 柱状细胞表面有纤毛
21. 分布于甲状腺滤泡壁的上皮为(　　)。
    A. 单层扁平上皮　　　　　　B. 单层立方上皮
    C. 单层柱状上皮　　　　　　D. 假复层纤毛柱状上皮
    E. 复层扁平上皮
22. (　　)不参与构成假复层纤毛柱状上皮。
    A. 柱状细胞　　B. 梭形细胞　　C. 锥形细胞　　D. 扁平细胞
    E. 杯状细胞

23. (　　)不属于上皮细胞侧面的连接。
    A. 紧密连接　　B. 黏合带　　　C. 桥粒　　　　D. 半桥粒
    E. 缝隙连接

24. 连接结构中(　　)较牢固。
    A. 紧密连接　　B. 黏合带　　　C. 桥粒　　　　D. 半桥粒
    E. 缝隙连接

25. 具有传递化学信息功能的是(　　)。
    A. 紧密连接　　B. 黏合带　　　C. 桥粒　　　　D. 半桥粒
    E. 缝隙连接

26. (　　)将上皮细胞固着于基膜上。
    A. 质膜内褶　　B. 桥粒　　　　C. 半桥粒　　　D. 紧密连接
    E. 缝隙连接

27. (　　)的上皮属于复层扁平上皮。
    A. 气管　　　　B. 胃　　　　　C. 小肠　　　　D. 膀胱　　　　E. 口腔

28. (　　)不是由单层柱状上皮构成。
    A. 胆囊黏膜　　B. 胃黏膜　　　C. 呼吸道黏膜　D. 肠黏膜
    E. 子宫黏膜

29. (　　)主要具有吸收功能。
    A. 单层扁平上皮　　　　　　　B. 单层立方上皮
    C. 单层柱状上皮　　　　　　　D. 假复层纤毛柱状上皮
    E. 复层扁平上皮

30. 下列关于缝隙连接的描述,错误的是(　　)。
    A. 广泛存在于各种组织的相邻细胞间
    B. 相邻细胞膜之间通过细丝相连接
    C. 相邻的细胞可经缝隙连接传递电冲动
    D. 相邻细胞膜连接处连接小体对接,管腔相通
    E. 细胞间可通过缝隙连接传递化学信息

四、问答题

1. 试述上皮组织的一般结构特点和分类。
2. 试述被覆上皮的类型、结构特点及分布。
3. 试述上皮细胞的特殊结构和功能。

【参考答案】

一、名词解释

1. 极性：上皮细胞的不同表面在结构和功能上具有明显的差别。朝向身体的表面或有腔器官的腔面，称为游离面；与游离面相对的朝向深部结缔组织的一面，称为基底面；而上皮细胞之间的连接面为侧面。

2. 基膜：上皮细胞与深部结缔组织之间共同形成的薄膜，由基板和网板组成。基板由上皮细胞分泌产生，网板由结缔组织的成纤维细胞分泌产生。

3. 质膜内褶：是上皮细胞基底面的细胞膜折向胞质形成的许多内褶。内褶与细胞基底面垂直，光镜下称基底纵纹。电镜下可见内褶间含有与其平行的长线粒体。质膜内褶主要见于肾小管，扩大了细胞基底部表面积，有利于水和电解质的迅速转运。

4. 连接复合体：在细胞侧面的四种连接中，有两个或两个以上紧邻存在，则称为连接复合体。

5. 微绒毛：上皮细胞游离面细胞膜和部分胞质共同伸出形成的细小指状突起。电镜下清晰可见，光镜下不可见，密集时形成纹状缘或刷状缘，呈红色线状。主要分布于小肠纹状缘和肾小管刷状缘。微绒毛的主要功能是增大细胞的表面积，有利于细胞的吸收。

6. 纤毛：上皮细胞的游离面伸出的粗而长的突起，光镜下可见，主要分布于呼吸道和输卵管等处，具有节律性定向摆动的能力，可将上皮表面的黏液及黏附的颗粒物质定向推送。

7. 内皮：指衬贴在心脏、血管和淋巴管腔面的单层扁平上皮。内皮薄且表面光滑，有利于物质交换和血液流动。

8. 间皮：指分布于胸膜、腹膜和心包膜表面的单层扁平上皮。间皮表面光滑，可以减少脏器运动时的相互摩擦，起保护脏器的作用。

9. 被覆上皮：覆盖于身体表面，衬贴在体腔和有腔器官内表面的上皮称为被覆上皮。被覆上皮根据细胞的层数可分为单层上皮和复层上皮。根据表层细胞的形态，单层上皮又可分为单层扁平上皮、单层立方上皮、单层柱状上皮和假复层纤毛柱状上皮；复层上皮分为复层扁平上皮、复层柱状上皮和变移上皮。

10. 半桥粒：位于上皮细胞基底面，只有桥粒结构的一半，主要作用为将上皮细胞固着在基膜上。

11. 腺上皮和腺：由腺细胞组成以分泌功能为主的上皮称为腺上皮。以腺上皮为主要成分的器官或结构称为腺。根据有无导管，腺可分为内分泌腺和外分泌腺。

二、填空题

1. 被覆上皮　腺上皮

2. 单层上皮 复层上皮 单层扁平上皮 单层立方上皮 单层柱状上皮 假复层纤毛柱状上皮 复层扁平上皮 复层柱状上皮 变移上皮

3. 内皮 间皮

4. 角化型复层扁平上皮 未角化型复层扁平上皮 皮肤表皮 口腔 食管

5. 微绒毛 纤毛 紧密连接 中间连接 桥粒 缝隙连接 质膜内褶 基膜 半桥粒 连接复合体

6. 腺 外分泌腺 内分泌腺

7. 柱状细胞 梭形细胞 锥形细胞 杯状细胞 呼吸管道

8. 吸收 分泌 胃肠 胆囊 子宫

9. 甲状腺滤泡 肾小管 分泌

10. 游离面 基底面 侧面

三、单项选择题

1. D 2. E 3. D 4. E 5. D 6. A 7. A 8. D 9. C 10. C 11. E 12. A 13. A 14. B 15. C 16. D 17. C 18. D 19. B 20. B 21. B 22. D 23. D 24. C 25. E 26. C 27. E 28. C 29. C 30. B

四、问答题

1. 试述上皮组织的一般结构特点和分类。

上皮组织的一般结构特点为:(1) 细胞多,排列紧密,细胞外基质少。(2) 上皮细胞具有明显的极性,即细胞的不同表面在结构和功能上具有明显的差别。朝向身体的表面或有腔器官的腔面,称为游离面;与游离面相对的朝向深部结缔组织的一面,称为基底面;而上皮细胞之间的连接面为侧面。上皮基底面附着于基膜上,并借此与结缔组织相连。(3) 上皮内大都无血管,所需要的营养主要依靠结缔组织内的血管来提供。(4) 上皮组织内感觉神经末梢丰富。

根据其功能,上皮组织分为被覆上皮和腺上皮两大类。被覆上皮的主要功能为保护、吸收、分泌和排泄等,腺上皮的主要功能为分泌。

2. 试述被覆上皮的类型、结构特点及分布。

被覆上皮是根据其构成细胞的层数和表层细胞的形状进行分类和命名的。被覆上皮根据细胞的层数可分为单层上皮和复层上皮。根据表层细胞的形态,单层上皮又可分为单层扁平上皮、单层立方上皮、单层柱状上皮和假复层纤毛柱状上皮;复层上皮分为复层扁平上皮、复层柱状上皮和变移上皮。

单层扁平上皮:又称单层鳞状上皮,由一层扁平细胞组成,特点为薄而光滑,利于物质交换、液体流动和内脏运动。单层扁平上皮可分为内皮和间皮。内皮主要衬于心脏、血管、淋巴管腔面,间皮主要衬于胸膜、腹膜、心包膜表面。

单层立方上皮：由一层近似立方形的细胞组成，主要分布于甲状腺和肾小管。

单层柱状上皮：由一层棱柱状细胞组成，主要分布于胃、肠、胆囊和子宫等。

假复层纤毛柱状上皮：由柱状细胞、梭形细胞、锥形细胞和杯状细胞组成。细胞形态不同、高矮不一，核的位置不在同一水平上，但基底部均附着于基膜。主要分布于呼吸管道的腔面。

复层扁平上皮：又称复层鳞状上皮。由多层细胞组成，包括基底层的矮柱状细胞、中间层的多边形细胞和最表层的扁平细胞。复层扁平上皮较厚，耐摩擦，具有机械保护作用。其可分为角化的复层扁平上皮和未角化的复层扁平上皮，前者主要分布于皮肤表层，后者主要分布于口腔和食管的腔面等。

复层柱状上皮：由数层细胞组成，浅部一层为矮柱状细胞，主要分布于结膜和男性尿道等。

变移上皮：上皮细胞形状与层数可随器官容量而变。器官充盈时上皮变薄，细胞变扁；器官空虚时上皮变厚，表层细胞变大，主要分布于肾盂、肾盏、输尿管和膀胱。

3. 试述上皮细胞的特殊结构和功能。

上皮细胞具有极性，在各表面形成了相应的特殊结构：

游离面：微绒毛和纤毛。微绒毛的主要功能为增大细胞的表面积，有利于细胞的吸收；纤毛具有节律性定向摆动的能力，可将上皮表面的黏液及其黏附的颗粒物质定向推送。

侧面：紧密连接、黏合带、桥粒和缝隙连接。紧密连接可阻挡毒害物质穿过细胞间隙，具有屏障作用；黏合带除了具有黏着作用外，还有保持细胞形状和传递细胞收缩力的作用；桥粒具有强大的连接功能；缝隙连接有助于细胞间信息的传递和某些小分子物质的交换。

基底面：基膜、质膜内褶和半桥粒。基膜具有支持、连接和固着作用，属于半透膜，有利于上皮与结缔组织进行物质交换；质膜内褶的功能为扩大细胞基底部的表面积，有利于水和电解质的转运；半桥粒的主要作用为将上皮细胞固着在基膜上。

第 3 章　结缔组织

【本章重点内容】

1. 结缔组织的一般特点及分类；
2. 疏松结缔组织的结构和功能；
3. 成纤维细胞、巨噬细胞、浆细胞和肥大细胞的形态结构和功能特点。

【各型试题】

一、名词解释

1. 分子筛。
2. 组织液。
3. 抗原提呈细胞。
4. 趋化性。
5. 间充质。
6. 肥大细胞。
7. 基质。
8. 网状组织。

二、填空题

1. 疏松结缔组织的细胞成分包括_____、_____、_____、_____、_____、_____ 和 _____。纤维成分包括_____、_____ 和_____。
2. 浆细胞来源于_____，胞质_____，核内染色质呈_____状分布，电镜下可见大量平行排列的_____和_____，浆细胞具有合成和分泌_____的功能，参与_____免疫。
3. 肥大细胞的颗粒中含有_____、_____和_____，胞质基质内还合

第3章 结缔组织

成_____,该细胞参与过敏反应。_____和_____可使细支气管平滑肌收缩及毛细血管扩张引起哮喘及组织水肿,_____具有抗凝作用。

4. 成纤维细胞是_____组织中的主要细胞成分,电镜下其胞质内有丰富的_____、_____和_____;可合成分泌_____和_____,在_____中具有重要作用。

5. 固有结缔组织可分为_____、_____、_____和_____。

6. 结缔组织来源于胚胎时期的_____,间充质是由_____和_____组成。

7. 胶原纤维是由更细的_____集合而成,它的化学成分是_____和_____型_____蛋白。

8. 网状纤维_____染色呈黑褐色,又称_____纤维。呈_____阳性反应。主要由_____型_____蛋白构成。

9. 弹性纤维新鲜时呈_____色,又称黄纤维,电镜下由_____和_____构成。

10. 巨噬细胞的胞质内含大量的_____,该细胞有_____,其功能是参与_____,有_____作用和_____作用,并有分泌功能。

11. 脂肪组织主要由大量群集的_____构成,被_____将成群的脂肪细胞分隔成小叶。根据脂肪细胞结构和功能的不同,脂肪组织分为_____和_____两大类,其具有_____、_____、_____和_____等作用。

12. 疏松结缔组织中参与免疫功能的细胞有_____、_____和_____,其中_____和_____来源于血细胞,浆细胞来源于_____,巨噬细胞来源于_____。

三、单项选择题

1. 电镜下能看出周期性横纹的结构是(　　)。
   A. 神经原纤维　　　　B. 神经纤维　　　　C. 弹性纤维
   D. 胶原原纤维　　　　E. 平滑肌纤维

2. 关于弹性纤维特点的描述,错误的是(　　)。
   A. 由弹性蛋白和微原纤维组成
   B. 电镜下具有明暗相间的周期性横纹
   C. HE染色标本上呈淡红色,折光性强
   D. 弹性强,韧性差
   E. 新鲜时呈黄色

3. 结缔组织中能产生肝素的细胞是(　　)。
   A. 成纤维细胞　　　　B. 浆细胞　　　　C. 肥大细胞

D. 巨噬细胞　　　　　　E. 间充质细胞

4. 参与免疫应答，有强大吞噬作用的重要细胞是(　　)。
　　A. 成纤维细胞　　　　B. 巨噬细胞　　　　C. 浆细胞
　　D. 肥大细胞　　　　　E. 间充质细胞

5. 主要由Ⅲ型胶原蛋白构成，并具有嗜银性的纤维是(　　)。
　　A. 胶原纤维　　　　　B. 肌原纤维　　　　C. 网状纤维
　　D. 张力原纤维　　　　E. 胶原原纤维

6. 新鲜时称为黄纤维的是(　　)。
　　A. 弹性纤维　　　　　B. 胶原纤维　　　　C. 网状纤维
　　D. 张力原纤维　　　　E. 神经原纤维

7. 胶原蛋白由(　　)分泌。
　　A. 脂肪细胞　　　　　B. 巨噬细胞　　　　C. 肥大细胞
　　D. 浆细胞　　　　　　E. 成纤维细胞

8. 具有韧性大，抗拉力强，称为白纤维的是(　　)。
　　A. 胶原纤维　　　　　B. 弹性纤维　　　　C. 网状纤维
　　D. 张力原纤维　　　　E. 肌原纤维

9. 胞质内有异染性颗粒并可脱颗粒引发过敏的细胞是(　　)。
　　A. 浆细胞　　　　　　B. 单核细胞　　　　C. 肥大细胞
　　D. 成纤维细胞　　　　E. 脂肪细胞

10. 具有很强吞噬作用，有免疫作用的细胞是(　　)。
　　A. 成纤维细胞　　　　B. 巨噬细胞　　　　C. 未分化的间充质细胞
　　D. 肥大细胞　　　　　E. 脂肪细胞

11. 能合成三种纤维和基质，参与创伤修复的细胞是(　　)。
　　A. 成纤维细胞　　　　B. 浆细胞　　　　　C. 巨噬细胞
　　D. 肥大细胞　　　　　E. 脂肪细胞

12. 胞质颗粒内含肝素、组胺、嗜酸性粒细胞趋化因子的细胞是(　　)。
　　A. 浆细胞　　　　　　B. 纤维细胞　　　　C. 成纤维细胞
　　D. 脂肪细胞　　　　　E. 肥大细胞

13. 浆细胞来源于(　　)。
　　A. B 淋巴细胞　　　　B. T 淋巴细胞　　　C. 单核细胞
　　D. 纤维细胞　　　　　E. 成纤维细胞

14. 能合成分泌免疫球蛋白(Ig)的细胞是(　　)。
　　A. 未分化的间充质细胞　　　　　　　　　B. 脂肪细胞
　　C. 浆细胞　　　　　　　　　　　　　　　D. 巨噬细胞
　　E. 肥大细胞

15. 电镜下具有溶酶体多的细胞是（　　）。
    A. 成纤维细胞　　　　B. 肥大细胞　　　　C. 脂肪细胞
    D. 未分化的间充质细胞　　　　E. 巨噬细胞
16. 电镜下,胞质内粗面内质网、游离核糖体发达的细胞是（　　）。
    A. 成纤维细胞　　　　B. 肥大细胞　　　　C. 纤维细胞
    D. 单核细胞　　　　E. 脂肪细胞
17. 巨噬细胞是由（　　）分化而来。
    A. 间充质细胞　　　　B. 单核细胞　　　　C. 网状细胞
    D. 内皮细胞　　　　E. 淋巴细胞
18. 关于巨噬细胞的描述,错误的是（　　）。
    A. 细胞表面有突起和皱褶
    B. 胞质嗜酸性
    C. 胞质内含初级溶酶体,次级溶酶体和吞噬体等
    D. 有趋化性
    E. 合成和分泌白三烯、肝素和组胺
19. 胞质中含异染性颗粒的细胞是（　　）。
    A. 嗜酸性粒细胞　　　　B. 浆细胞　　　　C. 肥大细胞
    D. 成纤维细胞　　　　E. 巨噬细胞
20. 关于结缔组织的描述,错误的是（　　）。
    A. 分布广泛,形态多样
    B. 由少量细胞和大量的细胞外基质构成
    C. 细胞没有极性
    D. 由大量细胞和少量的细胞外基质构成
    E. 含血管
21. （　　）不属于结缔组织。
    A. 软骨　　　B. 脊髓　　　C. 血液　　　D. 肌腱　　　E. 脂肪
22. 关于疏松结缔组织的描述,错误的是（　　）。
    A. 又称蜂窝组织　　　　　　　　B. 分布广泛
    C. 细胞种类较多,纤维数量较少　　D. 无血管
    E. 具有连接、支持、防御和修复等功能
23. 溶血性链球菌感染（　　）从而引起蜂窝组织炎。
    A. 疏松结缔组织　　　　B. 致密结缔组织　　　　C. 脂肪组织
    D. 网状组织　　　　E. 上皮组织
24. 关于浆细胞的描述,错误的是（　　）。
    A. 来源于B淋巴细胞　　　　　　B. 细胞呈圆形或卵圆形

C. 核圆,偏于一侧 　　　　　　　D. 胞质呈嗜酸性
E. 合成和分泌免疫球蛋白

25. (　　)不是肥大细胞合成和分泌的。
   A. 肝素　　　　　B. 补体　　　　　C. 组胺
   D. 白三烯　　　　E. 中性粒细胞趋化因子

26. 疏松结缔组织中所含细胞数量最多的为(　　)。
   A. 纤维细胞　　　B. 成纤维细胞　　C. 巨噬细胞
   D. 浆细胞　　　　E. 肥大细胞

27. 关于疏松结缔组织基质中纤维的描述,错误的是(　　)。
   A. 含有三种纤维,即胶原纤维、弹性纤维和网状纤维
   B. 胶原纤维数量最多
   C. 新鲜时,胶原纤维呈白色,弹性纤维为黄色
   D. HE 染色时,三种纤维均可见
   E. 网状纤维又称嗜银纤维

28. 肌腱属于(　　)。
   A. 疏松结缔组织　　B. 规则致密组织　　C. 软骨组织
   D. 网状组织　　　　E. 不规则致密组织

29. 分布于真皮的组织属于(　　)。
   A. 疏松结缔组织　　B. 规则致密结缔组织　　C. 不规则致密结缔组织
   D. 脂肪组织　　　　E. 网状组织

30. 下列细胞不属于疏松结缔的为(　　)。
   A. 成纤维细胞　　　B. 纤维细胞　　　C. 浆细胞
   D. 红细胞　　　　　E. 肥大细胞

四、问答题

1. 试述结缔组织的特点和分类。
2. 试述成纤维细胞的结构和功能。
3. 试述巨噬细胞的结构和功能。
4. 试述浆细胞的光镜结构和功能。
5. 试述肥大细胞如何参与过敏反应。

【参考答案】

一、名词解释

1. 分子筛：在疏松结缔组织的基质中，大量蛋白多糖聚合体形成具有许多微小孔隙的结构，称为分子筛。分子筛的功能为使基质成为限制细菌等有害物扩散的防御屏障。

2. 组织液：从毛细血管动脉端渗出的液体进入基质，称为组织液。组织液不断更新，有利于血液和组织中的细胞进行物质交换，成为细胞赖以生存的体液环境。

3. 抗原提呈细胞：又称为辅佐细胞，是指具有加工和提呈抗原能力的细胞。主要功能是在机体的免疫应答过程中起着十分重要的作用，能摄取、加工、处理抗原并将抗原信息提呈给T淋巴细胞。

4. 趋化性：当受细菌产物、炎症变性蛋白等物质刺激后，巨噬细胞伸出伪足，沿这些化学物质的浓度梯度朝浓度高的部位定向移动，聚集到产生和释放这些化学物质的部位而成为游走的活化细胞，细胞的这种特性被称为趋化性。

5. 间充质：间充质由间充质细胞和无定形的基质组成，不含纤维。间充质细胞较大，呈星形，核大，呈卵圆形，核仁明显，胞质呈弱嗜碱性。细胞间以突起互联成网。间充质细胞分化程度低，增殖分化能力强。在胚胎时期可分化成多种结缔组织细胞、肌细胞、血细胞和内皮细胞等。结缔组织是由胚胎时期的间充质演化而来。

6. 肥大细胞：体较大，核小而圆，居中；胞质内充满粗大的异染性颗粒，为嗜碱性，被甲苯胺蓝染为紫色，颗粒内含肝素、组胺、嗜酸性粒细胞趋化因子。胞质基质内还合成白三烯。肥大细胞的主要功能为参与过敏反应。

7. 基质：由生物大分子构成的无定形胶状物，无色透明，具有一定黏性。填充于结缔组织细胞和纤维之间。其生物大分子主要为蛋白聚糖和纤维黏连蛋白。大量蛋白多糖聚合体形成有许多微孔的分子筛，具有屏障作用。

8. 网状组织：由网状细胞和网状纤维构成，网状细胞是有多突起的星形细胞，可产生网状纤维，相邻细胞的突起连接成网，同时网状纤维交织成网，成为网状细胞依附的支架。主要分布于造血组织和淋巴组织，构成造血组织和淋巴组织的支架，从而为血细胞发生和淋巴细胞发育提供了适宜的微环境。

二、填空题

1. 成纤维细胞　巨噬细胞　肥大细胞　浆细胞　未分化的间充质细胞　脂肪细胞　白细胞　胶原纤维　弹性纤维　网状纤维
2. B淋巴细胞　嗜碱性　辐射　粗面内质网　游离核糖体　免疫球蛋白　体液
3. 组胺　肝素　嗜酸性粒细胞趋化因子　白三烯　组胺　白三烯　肝素
4. 疏松结缔　粗面内质网　游离核糖体　高尔基复合体　纤维　基质　创伤修复

5. 疏松结缔组织　致密结缔组织　脂肪组织　网状组织

6. 间充质　间充质细胞　基质

7. 胶原原纤维　Ⅰ　Ⅲ　胶原

8. 镀银　嗜银　PAS　Ⅲ　胶原

9. 黄　微原纤维　弹性蛋白

10. 溶酶体　趋化性　免疫应答　吞噬　抗原提呈

11. 脂肪细胞　结缔组织　黄色脂肪组织　棕色脂肪组织　维持体温　缓冲　保护　填充

12. 浆细胞　巨噬细胞　肥大细胞　浆细胞　巨噬细胞　B细胞　单核细胞

三、单项选择题

1. D　2. B　3. C　4. B　5. C　6. A　7. E　8. A　9. C　10. B　11. A　12. E　13. A　14. C　15. E　16. A　17. B　18. E　19. C　20. D　21. B　22. D　23. A　24. D　25. B　26. B　27. D　28. B　29. C　30. D

四、问答题

1. 试述结缔组织的特点和分类。

特点:(1) 细胞数量少、种类多、形态各异;(2) 细胞散在分布于细胞外基质内,无极性;(3) 细胞外基质多,包括丝状的纤维、无定形基质和不断循环更新的组织液。

分类:根据细胞外基质构造,分为固有结缔组织、软骨、骨组织、血液和淋巴。固有结缔组织分为疏松结缔组织、致密结缔组织、网状组织和脂肪组织。

2. 试述成纤维细胞的结构和功能。

成纤维细胞是疏松结缔组织中最主要的细胞。光镜下细胞较大,多突起;核大呈卵圆形,染色浅,核仁明显;胞质弱嗜碱性。电镜下,胞质内含有丰富的粗面内质网和发达的高尔基复合体。主要功能为合成和分泌疏松结缔组织的纤维和基质。

3. 试述巨噬细胞的结构和功能。

光镜下,细胞形态不规则,随功能状态而改变,常有伪足,细胞核小,着色深,胞质嗜酸性,含异物颗粒和空泡;电镜下,细胞表面有许多皱褶、微绒毛和少数球形隆起,胞质内含有大量溶酶体、吞噬体、吞饮泡、微丝、微管等;功能为吞噬作用、抗原提呈参与免疫应答、分泌多种生物活性物质。

4. 试述浆细胞的光镜结构和功能。

光镜下,胞体呈圆形或卵圆形,核呈卵圆形,偏于细胞一侧,核异染色质附于核膜边缘,呈车轮状排列,核仁明显,胞质为嗜碱性,核旁有一浅染区。功能为合成和分泌免疫球蛋白。

5. 试述肥大细胞如何参与过敏反应。

肥大细胞颗粒内含有肝素、组织胺、嗜酸性粒细胞趋化因子,胞质基质内还合成白三烯。当机体第二次接触到抗原时,肥大细胞会受到刺激,以胞吐的方式大量释放颗粒内容物,即脱颗粒。组胺和白三烯可使皮肤的微静脉和毛细血管扩张,通透性增强,形成数量不等的红肿块,称为荨麻疹;使肺内支气管平滑肌痉挛,黏液分泌增多,导致哮喘;使全身小动脉扩张,导致血压急剧下降,引起休克。嗜酸性粒细胞趋化因子可吸引嗜酸性粒细胞向过敏反应部位迁移,发挥抗过敏反应作用。

第 4 章　血液

【本章重点内容】

1. 红细胞与网织红细胞的形态结构、正常值与功能；
2. 白细胞的分类、正常值、形态结构与功能；
3. 造血祖细胞与造血干细胞的生物学特性。

【各型试题】

一、名词解释

1. 网织红细胞。
2. 造血祖细胞。
3. 血象。
4. 核左移。
5. 造血干细胞。
6. 血浆。

二、填空题

1. 嗜碱性细胞的颗粒中含有_____、_____、_____等成分,故能参与_____反应和抗_____的作用。
2. 红骨髓主要由_____和_____组成。
3. 造血干细胞起源于人胚第三周初的_____,出生主要存在于_____,其次是_____和_____等器官。
4. 造血组织主要由_____和_____组成。
5. 成熟的红细胞无_____,无_____,呈双凹圆盘形,胞质内充满_____。
6. 红细胞膜破裂,血红蛋白溢出称_____。

7. 正常人的血象中,中心粒细胞以_____叶居多,当机体_____,杆状核和2叶核的细胞增多,称_____;如果4~5叶核的细胞增多,称_____,说明_____。

8. 血液是由_____和_____组成,血细胞包括_____、_____和_____。根据有无颗粒,白细胞分为_____和_____,有粒白细胞包括_____、_____和_____;无粒白细胞包括_____和_____。

9. 网织红细胞为_____的红细胞,胞质内尚残留部分_____,煌焦油蓝染色呈蓝色网格状,网织红细胞的数量占红细胞总数的_____,若网织红细胞数量减少,说明_____发生障碍。

10. 嗜酸性粒细胞的颗粒除了含有一般的溶酶体酶外,还含有_____、_____和_____。

11. 红细胞数量少于_____或血红蛋白低于_____则被称为贫血。

三、单项选择题

1. 患过敏性疾病或寄生虫病时,血液中白细胞(　　)增高。
   A. 中性粒细胞　　　　B. 嗜酸性粒细胞　　　C. 嗜碱性粒细胞
   D. 单核细胞　　　　　E. 淋巴细胞

2. 机体受细菌严重感染时,白细胞(　　)显著增高。
   A. 中性粒细胞　　　　B. 嗜酸性粒细胞　　　C. 嗜碱性粒细胞
   D. 单核细胞　　　　　E. 淋巴细胞

3. 有吞噬能力的细胞是(　　)。
   A. 淋巴细胞　　　　　B. 嗜酸性细胞　　　　C. 肥大细胞
   D. 中性粒细胞　　　　E. 单核细胞

4. 红细胞的平均寿命一般为(　　)。
   A. 数周　　　　　　　B. 数天　　　　　　　C. 半年左右
   D. 一年左右　　　　　E. 120天左右

5. 关于成熟红细胞形态结构的描述,错误的是(　　)。
   A. 双凹圆盘状　　　　B. 线粒体少　　　　　C. 无细胞核
   D. 胞质内充满大量的血红蛋白　　　　　　　E. 具有红细胞膜骨架

6. 嗜碱性粒细胞的颗粒内含有(　　)。
   A. 碱性磷酸酶和组胺
   B. 碱性磷酸酶、组胺和肝素
   C. 组胺、肝素、白三烯
   D. 过氧化物酶
   E. 组胺酶

7. 有细胞核和细胞器的细胞有(　　)。
   A. 红细胞　　　　　　B. 血小板　　　　　　C. 间充质细胞
   D. 脂肪细胞　　　　　E. 网织红细胞
8. 由B淋巴细胞分化而来,产生免疫球蛋白的细胞是(　　)。
   A. 成纤维细胞　　　　B. 巨噬细胞　　　　　C. 浆细胞
   D. 肥大细胞　　　　　E. 间充质细胞
9. 用煌焦油蓝染色呈细网状的血细胞是(　　)。
   A. 红细胞　　　　　　B. 淋巴细胞　　　　　C. 单核细胞
   D. 网织红细胞　　　　E. 中性粒细胞
10. 对寄生虫有杀灭作用,胞质颗粒内有长方形结晶体的细胞是(　　)。
    A. 中性粒细胞　　　　B. 淋巴细胞　　　　　C. 嗜酸性粒细胞
    D. 单核细胞　　　　　E. 嗜碱性粒细胞
11. 胞质内颗粒中含有肝素、组胺和嗜酸性粒细胞趋化因子的细胞是(　　)。
    A. 嗜碱性粒细胞　　　B. 嗜酸性粒细胞　　　C. 单核细胞
    D. 淋巴细胞　　　　　E. 中性粒细胞
12. 胞质含嗜天青颗粒和特殊颗粒的细胞是(　　)。
    A. 单核细胞　　　　　B. 淋巴细胞　　　　　C. 嗜酸性粒细胞
    D. 嗜碱性粒细胞　　　E. 中性粒细胞
13. 血液又称外周血,约占体重的(　　)。
    A. 6%　　　B. 8%　　　C. 7%　　　D. 10%　　　E. 15%
14. 造血干细胞起源于(　　)。
    A. 外胚层　　　　　　B. 内胚层　　　　　　C. 胚内中胚层
    D. 胚外中胚层　　　　E. 滋养层
15. 结构和功能相似的两种细胞是(　　)。
    A. 嗜碱性粒细胞和嗜酸性粒细胞
    B. 中性粒细胞和浆细胞
    C. 浆细胞和巨噬细胞
    D. 嗜碱性粒细胞和肥大细胞
    E. 核细胞和淋巴细胞
16. 血涂片用煌焦油蓝体外活体染色,可显示网织红细胞中的(　　)。
    A. 残留的核染色质　　B. 残留的核糖体　　　C. 残留的溶酶体
    D. 残留的内质网　　　E. 以上均不对
17. 关于网织红细胞的描述,错误的是(　　)。
    A. 未完全成熟的红细胞
    B. 无核、无细胞器、胞质内充满血红蛋白

C. 在成人其正常值为红细胞总数的 0.5%~1.5%
D. 仍具有合成血红蛋白的功能
E. 以上都不对

18. 患过敏性疾病和寄生虫病的病人,血液中( )增多。
   A. 中性粒细胞　　　　B. 嗜碱性粒细胞　　　　C. 淋巴细胞
   D. 嗜酸性粒细胞　　　E. 单核细胞

19. 网织红细胞占成人红细胞总数的( )。
   A. 0~1%　　　　　　 B. 3%~8%　　　　　　 C. 0.5%~1.5%
   D. 3%~6%　　　　　 E. 0.5%~3%

20. 血液属于( )。
   A. 上皮组织　　　　　B. 结缔组织　　　　　　C. 神经组织
   D. 肌肉组织　　　　　E. 网状组织

21. 红细胞具有结合与运输 O_2 和 CO_2 的功能是因为( )。
   A. 红细胞具有可塑变形性
   B. 红细胞的双凹圆盘结构
   C. 红细胞膜的细胞膜是一种半透膜
   D. 胞质内含有血红蛋白
   E. 细胞膜具有特殊的 ABO 血型抗原

22. 下列关于中性粒细胞的描述,错误的是( )。
   A. 为数量最多的白细胞
   B. 球形,核为杆状或分叶状
   C. 不含嗜天青颗粒
   D. 具有吞噬功能
   E. 当机体受到细菌感染时,中性粒细胞的数量可增加

23. ( )吞噬细菌后称为脓细胞。
   A. 中性粒细胞　　　　B. 单核细胞　　　　　　C. 淋巴细胞
   D. 巨噬细胞　　　　　E. 嗜碱性粒细胞

24. 下列关于嗜碱性粒细胞的描述,错误的是( )。
   A. 数量最少
   B. 占白细胞数量的 0~1%
   C. 核呈 S 形或不规则形
   D. 颗粒内含组胺酶、芳基硫酸酯酶和阳离子蛋白等
   E. 肥大细胞功能相似,参与过敏反应

25. 下列关于嗜酸性粒细胞的描述,错误的是( )。
   A. 球形,占白细胞总数的 0.5%~3%

B. 核多为 2 叶
C. 颗粒内含有组胺酶、芳基硫酸酯酶和阳离子蛋白等
D. 不具有趋化变形运动
E. 具有杀菌,抗过敏反应和抗寄生虫的功能

26. 下列关于单核细胞的描述,错误的是(　　)。
    A. 球形,直径 14~20μm,为体积最大的白细胞
    B. 核为肾形、马蹄铁形或扭曲折叠不规则形
    C. 胞质为嗜酸性
    D. 占白细胞总数的 3%~8%
    E. 进入组织可分化为巨噬细胞

27. 下列关于淋巴细胞的描述,错误的是(　　)。
    A. 占白细胞总数的 25%~30%
    B. 根据直径可分为小淋巴细胞、中淋巴细胞和大淋巴细胞
    C. 血液中不含有大淋巴细胞
    D. 胞质嗜酸性
    E. 属于免疫细胞,具有免疫防御功能

28. 有粒白细胞和无粒白细胞的主要区别是(　　)。
    A. 细胞的形状　　　　B. 细胞的大小　　　　C. 细胞的功能
    D. 胞质内有无特殊颗粒　E. 是否含有嗜天青颗粒

四、问答题

1. 试述造血干细胞的定义和特征。
2. 试述血液中红细胞的形态结构特点并讨论其功能。
3. 试述网织红细胞的形态结构、正常值与功能。
4. 试述白细胞的分类、结构与功能。

【参考答案】

一、名词解释

1. 网织红细胞:新生的、未完全成熟的红细胞从骨髓释放入血后,胞质内残留的部分核糖体,被煌焦油蓝染色呈细网状,故称网织红细胞。成人网织红细胞约占红细胞总数的 0.5%~1.5%,其在血液中的比例反映骨髓的造血能力。

2. 造血祖细胞:是由造血干细胞分化而来的分化方向确定的干细胞,也称定向干细胞。它们在不同的集落刺激因子作用下,分别分化为形态可辨认的各种血细胞。

3. 血象:血细胞的形态、数量、百分比和血红蛋白含量的测定结果称为血象。患病时,血象常有显著的变化,成为诊断疾病的重要指标。

4. 核左移:成熟的中性粒细胞核多为分叶状,一般可分2~5叶,正常以2~3叶者居多,幼稚的细胞核呈杆状。当机体受严重细菌感染时,大量新生细胞从骨髓进入血液,杆状核与2叶核的细胞增多,称为核左移。

5. 造血干细胞:是生成各种血细胞的原始细胞,又称多能干细胞。特征:① 有很强的增殖潜能。② 有多向分化能力,能分化形成不同的祖细胞。③ 有自我复制的能力。

6. 血浆:相当于细胞外基质,血浆的主要成分为水,约占90%,其余为血浆蛋白、脂蛋白、酶、激素、无机盐和多种营养代谢物质等。

二、填空题

1. 肝素　组胺　嗜酸性粒细胞趋化因子　过敏　凝血
2. 造血组织　血窦
3. 卵黄囊血岛　红骨髓　脾　淋巴结
4. 网状组织　造血细胞
5. 核　细胞器　血红蛋白
6. 溶血
7. 2~3　受细菌感染时　核左移　核右移　骨髓造血功能发生障碍
8. 血浆　血细胞　红细胞　白细胞　血小板　有粒白细胞　无粒白细胞　中性粒细胞　嗜酸性粒细胞　嗜碱性粒细胞　单核细胞　淋巴细胞
9. 未完全成熟　核糖体　0.5%~1.5%　骨髓造血功能
10. 组胺酶　芳基硫酸酯酶　阳离子蛋白
11. $3.0 \times 10^{12}/L$　10g/100mL

三、单项选择题

1. B　2. A　3. D　4. E　5. B　6. C　7. A　8. C　9. D　10. C　11. A　12. E　13. C　14. D　15. D　16. B　17. B　18. D　19. C　20. B　21. D　22. C　23. A　24. D　25. D　26. C　27. D　28. D

四、问答题

1. 试述造血干细胞的定义和特征。

造血干细胞的定义是生成各种血细胞的原始细胞,又称多能干细胞。其特征为:① 有很强的增殖潜能。② 有多向分化能力,能分化形成不同的祖细胞。③ 有自我复制的能力。

2. 试述血液中红细胞的形态结构特点并讨论其功能。

成熟的红细胞呈双凹圆盘状,直径约为 7.5μm,中央较薄,周边较厚,表面积 140μm²,成熟红细胞无细胞核、无细胞器,胞质内充满血红蛋白。红细胞的形态结构为气体交换提供了更大和更有效的表面积,血红蛋白具有结合和运输 O_2 和 CO_2、进行气体交换的功能。

3. 试述网织红细胞的形态结构、正常值与功能。

网织红细胞比成熟红细胞略大,胞质内残留部分核糖体,被煌焦油蓝染色呈蓝色细网状。其数量很少,成人网织红细胞约占红细胞总数的 0.5% ~1.5%。网织红细胞是反映骨髓造血功能的指标。骨髓造血功能发生障碍的患者,网织红细胞计数降低。如果贫血患者网织红细胞计数增加,说明治疗有效。

4. 试述白细胞的分类、结构与功能。

根据白细胞胞质内有无特殊颗粒,可将其分为有粒白细胞和无粒白细胞。有粒白细胞根据其特殊颗粒的染色性,又可分为中性粒细胞、嗜酸性粒细胞和嗜碱性粒细胞,无粒白细胞包括单核细胞和淋巴细胞两种。

(1) 中性粒细胞:球形,直径 10 ~12μm,核为杆状或分叶状(2 ~5 叶),正常人以2 ~3 叶居多。胞质中含有大量颗粒,嗜天青颗粒占20%,特殊颗粒占80%。功能为趋化性、吞噬功能,主要吞噬细菌。

(2) 嗜酸性粒细胞:直径 10 ~15μm,细胞核多为 2 叶(八字形核),胞质充满粗大的鲜红色嗜酸性颗粒。颗粒属于一种特殊的溶酶体,除含一般的溶酶体酶外,还含有组胺酶、芳基硫酸酯酶和阳离子蛋白。功能为杀菌、抗过敏反应和抗寄生虫。

(3) 嗜碱性粒细胞:直径 10 ~12μm,核分叶,或呈"S"形,或不规则形,着色浅。胞质含有嗜碱性颗粒,胞质基质内含有白三烯。颗粒为分泌颗粒,含有肝素、组胺、嗜酸性粒细胞趋化因子。功能为参与过敏反应。

(4) 单核细胞:体积最大,直径 14 ~20μm,细胞核呈肾形、马蹄铁形或扭曲折叠成不规则形,染色质细颗粒状松散,着色浅。胞质丰富,弱嗜碱性(灰蓝色),内含有许多细小的嗜天青颗粒,含多种水解酶。功能为穿出血管壁转化为巨噬细胞,行使功能。

(5) 淋巴细胞:

大淋巴细胞:直径 13 ~20μm,位于淋巴组织中,如淋巴小结的生发中心,血液中没有。

中淋巴细胞:直径 9 ~12μm,在血液中较少。核染色质较稀疏,着色浅,有的可见核仁,胞质丰富,嗜碱性,可有嗜天青颗粒。

小淋巴细胞:直径 6 ~8μm,血液中的淋巴细胞大部分为小淋巴细胞。细胞核圆形,核的一侧有浅的凹陷,染色质浓密呈块状,着色深,胞质少,嗜碱性,呈蔚蓝色,含有嗜天青颗粒。

电镜结构:含有大量游离核糖体、小型溶酶体、粗面内质网、高尔基复合体、线粒体。

分类:根据淋巴细胞的来源、形态及免疫功能分为三类。

(1) 胸腺依赖淋巴细胞(thymus dependent lymphocyte，T 细胞)：产生于胸腺，占血液淋巴细胞的 75%，体积小，含数个溶酶体。

(2) 骨髓依赖淋巴细胞(bone marrow dependent lymphocyte，B 细胞)：产生于骨髓，占血液淋巴细胞的 10%~15%，体积较大，不含溶酶体，受抗原刺激转化为浆细胞，产生抗体。

(3) 自然杀伤淋巴细胞(nature killer cell，NK 细胞)：产生于骨髓，占血液淋巴细胞的 10%，为中淋巴细胞，含有较多的溶酶体。

功能：免疫防御功能。

第 5 章　软骨与骨

【本章重点内容】

1. 透明软骨组织的结构特点；
2. 骨祖细胞、成骨细胞、骨细胞、破骨细胞的结构和功能特点；
3. 骨单位的结构特点。

【各型试题】

一、名词解释

1. 骨单位。
2. 成骨细胞。
3. 骨细胞。
4. 类骨质。
5. 骨板。
6. 间骨板。
7. 同源细胞群。
8. 软骨囊。

二、填空题

1. 电镜下成骨细胞胞质内有大量的_____、_____和发达的_____。
2. 破骨细胞胞质呈_____性,可有_____个核。
3. 骨发生方式有_____和_____两种。
4. 根据软骨组织含有的纤维成分不同可分为_____、_____和_____三种,它们所含的纤维依次为_____、_____和_____。
5. 骨组织的细胞成分包括_____、_____、_____和_____四种。

第 5 章　软骨与骨

6. 软骨内成骨发生过程从中央向两端推移,自骺端到骨髓腔之间依次可分为_____、_____、_____和_____四个连续的过程。

7. 软骨细胞位于_____,紧靠软骨陷窝的部位硫酸软骨素较多,HE 染色呈嗜碱性,形似囊状包围软骨细胞,此区域称为_____。

8. 骨组织中钙化的细胞外基质称_____,骨基质包括_____和_____。

9. 骨细胞分散于骨板之间或骨板内,胞体位于_____,突起位于_____,相邻骨细胞借_____相连。

10. 长骨骨干的密质骨包括四种排列方式的骨板,即_____、_____、_____和_____。

三、单项选择题

1. 由多个单核细胞融合而成的细胞是(　　)。
   A. 间充质细胞　　　　B. 骨细胞　　　　C. 骨祖细胞
   D. 成骨细胞　　　　E. 破骨细胞

2. 胞质内有大量粗面内质网,游离核糖体和高尔基复合体的细胞是(　　)。
   A. 未分化的间充质细胞　B. 骨祖细胞　　　C. 骨细胞
   D. 成骨细胞　　　　E. 破骨细胞

3. 夹在相邻两层骨板之间或分散排列于骨板内的细胞是(　　)。
   A. 骨细胞　　　　B. 破骨细胞　　　　C. 成骨细胞
   D. 骨祖细胞　　　　E. 单核细胞

4. 能形成大量类骨质的细胞是(　　)。
   A. 骨祖细胞　　　　B. 成骨细胞　　　　C. 破骨细胞
   D. 骨细胞　　　　E. 未分化的间充质细胞

5. 类骨质是指(　　)。
   A. 未钙化的骨基质　　B. 钙化的基质　　　C. 钙化的基质和纤维
   D. 有机基质　　　　E. 松质骨

6. 形成类骨质的细胞是(　　)。
   A. 间充质细胞　　　　B. 成骨细胞　　　　C. 骨祖细胞
   D. 骨细胞　　　　E. 破骨细胞

7. 相邻骨细胞突起之间连接的方式是(　　)。
   A. 中间连接　　　　B. 紧密连接　　　　C. 缝隙连接
   D. 镶嵌连接　　　　E. 桥粒

8. (　　)具有形成胶原纤维的功能。
   A. 间充质细胞　　　　B. 骨细胞　　　　C. 破骨细胞

D. 骨祖细胞　　　　　E. 成骨细胞

9. 构成耳郭的软骨是(　　)。
   A. 透明软骨　　　　B. 弹性软骨　　　　C. 纤维软骨
   D. 纤维软骨与弹性软骨　E. 透明软骨与弹性软骨

10. (　　)不是骨组织的细胞成分。
    A. 破骨细胞　　　　B. 骨细胞　　　　　C. 骨祖细胞
    D. 成骨细胞　　　　E. 间充质细胞

11. 透明软骨、弹性软骨和纤维软骨的主要区别是(　　)。
    A. 纤维的类型不同　B. 纤维的排列方式不同　C. 基质的成分不同
    D. 纤维的数量不同　E. 以上均不对

12. 骨生长与再生时,向周围分泌基质和纤维的细胞是(　　)。
    A. 未分化的间充质细胞　B. 骨细胞　　　　C. 破骨细胞
    D. 骨祖细胞　　　　E. 成骨细胞

13. 骨组织的细胞成分有(　　)。
    A. 骨细胞
    B. 骨细胞与骨祖细胞
    C. 骨细胞与破骨细胞
    D. 骨细胞与未分化的间充质细胞
    E. 骨祖细胞、骨细胞、破骨细胞和成骨细胞

14. 骨祖细胞分布在(　　)。
    A. 骨外膜　　　　　B. 骨内膜　　　　　C. 骨板之间
    D. 骨外膜和骨板之间　E. 骨外膜和骨内膜

15. 胞质内含大量溶酶体的细胞是(　　)。
    A. 成骨细胞　　　　B. 骨祖细胞　　　　C. 骨细胞
    D. 破骨细胞　　　　E. 以上都不是

16. 类骨质是指(　　)。
    A. 未钙化的软骨基质　B. 钙化的软骨基质　C. 未钙化的骨基质
    D. 钙化的骨基质　　E. 以上都不是

17. 透明软骨可见于(　　)。
    A. 耳郭　　　　　　B. 会厌　　　　　　C. 关节盘
    D. 椎间盘　　　　　E. 关节软骨

18. 下列关于透明软骨的描述,错误的是(　　)。
    A. 新鲜时呈半透明状
    B. 分布广泛,包括肋软骨、关节软骨和呼吸道软骨等
    C. 具有较强的抗压性

D. 纤维成分为胶原纤维

E. 内无血管和神经

19. 在HE染色切片中,透明软骨组织难以分辨纤维的主要原因为（　　）。

    A. 所含纤维平行排列

    B. 纤维含量较少

    C. 纤维较细且与基质的折光率相同

    D. 纤维较短

    E. 纤维排列稀疏

20. 成软骨细胞和成骨细胞是由（　　）分化而成。

    A. 单核细胞　　　　B. 骨祖细胞　　　　C. 浆细胞

    D. 成骨细胞　　　　E. 软骨细胞

21. （　　）是由单核细胞融合而成。

    A. 骨祖细胞　　　　B. 成骨细胞　　　　C. 骨细胞

    D. 破骨细胞　　　　E. 软骨细胞

22. 骨组织坚硬的主要原因为（　　）。

    A. 骨细胞可不断地分泌骨质

    B. 胶原纤维较粗且平行排列

    C. 骨组织含有大量的骨盐

    D. 骨组织呈板层状排列

    E. 同一骨板内的纤维平行排列

23. （　　）位于骨组织表面,且可产生基质和纤维并促进骨的钙化。

    A. 骨祖细胞　　　　B. 成骨细胞　　　　C. 骨细胞

    D. 破骨细胞　　　　E. 软骨细胞

24. 含骨盐较多而胶原纤维较少,横断面上呈折光较强的轮廓线,此结构为（　　）。

    A. 外环骨板　　　　B. 内环骨板　　　　C. 黏合线

    D. 间骨板　　　　　E. 骨单位

25. 下列关于骨细胞的描述,错误的是（　　）。

    A. 有多个细长突起　　B. 位于骨板之间或骨板内　　C. 胞体位于骨陷窝

    D. 突起位于骨小管　　E. 相邻骨细胞的突起以紧密连接相连

26. 下列关于骨板组成的描述,正确的是（　　）。

    A. 由大量平行排列的细胞组成

    B. 由平行排列的细胞及骨盐组成

    C. 由交叉排列的胶原纤维及骨盐组成

    D. 由平行排列的胶原纤维及骨盐组成

    E. 以上均不对

27. 透明软骨位于( )。
    A. 耳郭　　　　　　B. 椎间盘　　　　　C. 气管
    D. 腰间盘　　　　　E. 以上均不是
28. 密质骨最主要的结构为( )。
    A. 内环骨板　　　　B. 间骨板　　　　　C. 外环骨板
    D. 骨单位　　　　　E. 骨基质
29. ( )不存在于间骨板内。
    A. 骨盐　　　　　　B. 中央管　　　　　C. 骨细胞
    D. 骨陷窝　　　　　E. 以上均不对
30. 下列关于骨膜位置的描述,错误的是( )。
    A. 位于骨干外表面　　B. 位于骨髓腔内表面　　C. 位于骨小梁表面
    D. 位于穿通管内表面　E. 以上都不是

四、问答题

1. 试述骨组织的细胞的种类、结构和功能。
2. 试比较三种软骨组织结构的异同。
3. 试述长骨骨干密质骨的结构特点。
4. 试述成骨细胞的结构和功能。
5. 试述破骨细胞的结构和功能。

【参考答案】

一、名词解释

1. 骨单位:又称哈弗氏系统,是长骨中起支持作用的主要结构,位于内、外环骨板之间,长筒状,方向与骨干长轴一致。由多层同心圆排列的哈弗氏骨板围绕中央管构成,中央管内含有结缔组织、血管和神经等。

2. 成骨细胞:分布于骨组织表面,常单层排列,多呈矮柱状,细胞表面有许多细小突起,与相邻的成骨细胞或骨细胞突起形成缝隙连接。细胞核大而圆,核仁明显。胞质嗜碱性。电镜下见有大量粗面内质网和发达的高尔基复合体。成骨细胞可合成和分泌骨基质的有机成分。

3. 骨细胞:单个分布于骨板内或骨板间,胞体较小,呈扁椭圆形,有许多细长突起,胞质弱嗜碱性。骨细胞的胞体位于骨陷窝内,突起位于骨小管内。相邻骨细胞的突起以缝隙连接相连。骨陷窝和骨小管内含组织液。骨细胞具有一定的溶骨和成骨作用,参与调节钙、磷平衡。

第5章 软骨与骨

4. 类骨质：最初形成的细胞外基质无骨盐沉积，称为类骨质。类骨质经钙化后转变为骨质。

5. 骨板：骨基质结构呈板层状，称为骨板。同一骨板内纤维相平行，相邻骨板纤维相垂直，增加了骨的强度。

6. 间骨板：位于骨单位或骨单位与环骨板之间，是原有骨单位或内外环骨板被吸收的残留部分，呈扇形或不规则形，其中无血管通道。

7. 同源细胞群：由同一个幼稚的软骨细胞分裂而来的2~8个软骨细胞，同时存在于一个软骨陷窝中，这些细胞称为同源细胞群。

8. 软骨囊：软骨陷窝周围的基质含硫酸软骨素较多，HE染色嗜碱性强，形似囊状包围软骨细胞，此区域称为软骨囊。

二、填空题

1. 粗面内质网　游离核糖体　高尔基复合体
2. 嗜酸　6~50
3. 膜内成骨　软骨内成骨
4. 透明软骨　弹性软骨　纤维软骨　胶原原纤维　弹性纤维　胶原纤维
5. 骨祖细胞　成骨细胞　骨细胞　破骨细胞
6. 软骨储备区　软骨增生区　软骨钙化区　成骨区
7. 软骨陷窝　软骨囊
8. 骨基质　有机成分　无机成分
9. 骨陷窝　骨小管　突起
10. 外环骨板　内环骨板　间骨板　骨单位

三、单项选择题

1. E　2. D　3. A　4. B　5. A　6. B　7. C　8. E　9. B　10. E　11. A　12. E　13. E　14. E　15. D　16. C　17. E　18. D　19. C　20. B　21. D　22. C　23. B　24. C　25. E　26. D　27. C　28. D　29. B　30. E

四、问答题

1. 试述骨组织的细胞的种类、结构和功能。

骨组织的细胞包括骨祖细胞、成骨细胞、骨细胞和破骨细胞。

（1）骨祖细胞：位于骨组织的表面，体积小，呈梭形，细胞核椭圆，胞质弱嗜碱性。骨祖细胞是一种干细胞，能分裂分化为成骨细胞。

（2）成骨细胞：位于骨组织表面，常呈层状排列，胞体矮柱状。细胞表面有许多细小突起，与相邻的成骨细胞或骨细胞突起形成缝隙连接。细胞核大而圆，核仁明显。胞质嗜碱性。电镜下见有大量粗面内质网和发达的高尔基复合体。成骨细胞可合成和分泌骨基质的有机成分。

(3) 骨细胞:单个分布于骨板内或骨板间,胞体较小,呈扁椭圆形,有许多细长突起,胞质弱嗜碱性。骨细胞的胞体位于骨陷窝内,突起位于骨小管内。相邻骨细胞的突起以缝隙连接相连。骨陷窝和骨小管内含组织液。骨细胞具有一定的溶骨和成骨作用,参与调节钙、磷平衡。

(4) 破骨细胞:数量较少,常位于骨组织表面,是一种多核的大细胞,直径 $100\mu m$,含有 2~50 个核。现认为它是由多个单核细胞融合而成。光镜下,破骨细胞的胞质呈泡沫状,多为嗜酸性,贴近骨基质的一侧有纹状缘。电镜下称皱褶缘,皱褶缘周围的环形胞质区含许多微丝,而缺乏其他细胞器,称为亮区。破骨细胞有溶解和吸收骨基质的作用。

2. 试比较三种软骨组织结构的异同。

相同点:(1) 软骨组织均由软骨细胞和软骨基质组成;(2) 软骨细胞位于软骨陷窝,周边为较幼稚的软骨细胞,中央为较成熟的软骨细胞;(3) 软骨基质均由基质和纤维组成;(4) 软骨组织内均无血管。

不同点:软骨基质内所含的纤维成分不同,透明软骨所含的纤维为胶原原纤维,弹性软骨所含的纤维为弹性纤维,纤维软骨所含的纤维为胶原纤维。

3. 试述长骨骨干密质骨的结构特点。

骨密质分布于长骨的骨干和骨骺的外侧面,其骨板排列很规则,按骨板的排列方式分为环骨板、骨单位和间骨板。

环骨板:是环绕骨干外表面和内表面的骨板,分别称为外环骨板和内环骨板。外环骨板较厚,由数层到十多层,整齐地环绕骨干排列。内环骨板较薄,仅由几层骨板组成,而且排列不规则。横向穿越外环骨板和内环骨板的小管称穿通管,又称伏氏管,与纵向走行的中央管相连通,它们都是小血管和神经的通道,并含有组织液。

骨单位:又称哈弗氏系统,位于内、外骨板之间,数量最多,是骨质的主要结构单位。骨单位是圆筒状,直径 30~70μm,长约 0.6~2.5mm,与骨干长轴平行。骨单位中轴为纵行的中央管,又称哈弗管。周围为 4~20 层同心圆排列的骨单位骨板,又称哈弗板。骨单位表面有一层黏合质,是含骨盐较多而骨胶纤维很少的骨基质。骨单位内的骨小管相互连通,最内层的开口于中央管,形成血管系统与骨细胞之间营养物质交换的通路。

间骨板:位于骨单位或骨单位与环骨板之间,是原有骨单位或内外环骨板被吸收的残留部分,呈扇形或不规则形,其中无血管通道。

4. 试述成骨细胞的结构和功能。

成骨细胞分布于骨组织表面,常单层排列,多呈矮柱状,细胞表面有许多细小突起,与相邻的成骨细胞或骨细胞突起形成缝隙连接。细胞核大而圆,核仁明显。胞质嗜碱性。电镜下见有大量粗面内质网和发达的高尔基复合体。成骨细胞可合成和分泌骨基质的有机成分。

5. 试述破骨细胞的结构和功能。

破骨细胞数量较少,常位于骨组织表面,是一种多核的大细胞,直径 100μm,含有 2~50个核。现认为它是由多个单核细胞融合而成。光镜下,破骨细胞的胞质呈泡沫状,多为嗜酸性,贴近骨基质的一侧有纹状缘。电镜下称皱褶缘,皱褶缘周围的环形胞质区含许多微丝,而缺乏其他细胞器,称为亮区。破骨细胞具有溶解和吸收骨基质的作用。

第6章　肌组织

【本章重点内容】

1. 骨骼肌、心肌和平滑肌的光镜结构特点；
2. 骨骼肌的电镜结构特点；
3. 骨骼肌与心肌结构特点的区别。

【各型试题】

一、名词解释

1. 肌节。
2. 三联体。
3. 闰盘。
4. 肌内膜。
5. 肌浆网。
6. 横小管。
7. 终池。
8. 二联体。

二、填空题

1. 肌细胞膜称为_____，肌细胞内除肌原纤维外的细胞质称为_____，其中的_____称为肌浆网。
2. 肌组织可分为_____、_____和_____三种类型。
3. 相邻两个____线之间的一段_____称为肌节，由_____组成，肌节是肌纤维_____和_____的基本单位。
4. 肌节的长度为 1.5~3.5μm，肌纤维收缩时_____的长度不变，_____变短。

5. 电镜下肌原纤维是由_____和_____两种肌丝组成。前者由_____分子组成,后者由_____、_____和_____三种蛋白组成。

6. 肌原纤维是由_____和_____平行排列组成,粗肌丝位于肌节_____,两端_____。细肌丝位于肌节_____,一端_____,另一端_____。

7. 舒张状态下,明带内只有_____肌丝,暗带的H带内只有_____肌丝,H带两侧的暗带内_____。

8. 舒张状态下,骨骼肌的粗肌丝位于肌节的_____,细肌丝位于肌节的_____和_____。

9. 人骨骼肌的横小管位于_____与_____的交界处,心肌的横小管位于_____,故一个肌节中有_____个横小管。

10. 肌浆网是肌纤维内特化的_____,膜上有_____和_____。

11. 肌浆网纵行包绕每条肌原纤维形成_____,两端扩大呈扁囊状,称_____,横小管和两侧的_____共同构成_____。

12. 心肌纤维中多见横小管和_____侧的终池紧贴形成_____。

13. 闰盘是_____细胞间的连接结构,在横位的连接是_____和_____,纵位部位是_____。

14. 组成特殊心肌细胞有_____、_____和_____三种。

15. 心房肌纤维的颗粒称为_____,颗粒内含有激素称为_____,具有强大的_____、_____和_____的作用。

16. 骨骼肌纤维是_____状细胞,有_____个细胞核,位于_____,肌浆内有许多与细胞长轴平行排列的_____。

17. 心肌纤维呈_____状,有_____,多数细胞有_____个核,位于_____。

18. 平滑肌纤维一般呈_____形,有_____个细胞核,位于_____,无_____。

19. 骨骼肌表面有_____,神经兴奋通过_____传入肌原纤维周围的终池,引起肌浆网释放_____到肌浆内,并与_____结合,改变了构型,使_____与_____结合,并牵引细肌丝向H带方向滑动,引起肌纤维收缩。

20. 在暗带中有一浅染的窄带被称为_____带,该带中只有_____;在明带中有一条较深的细线,称_____线,该线的两侧只有_____。

三、单项选择题

1. 关于骨骼肌纤维光镜结构的描述,错误的是(　　)。
   A. 为细长圆柱形的细胞
   B. 有多个细胞核
   C. 肌原纤维顺肌纤维的长轴平行排列
   D. 细胞核位于肌纤维中央
   E. 肌原纤维有明暗相间的横纹

2. 骨骼肌纤维的 Z 线分布于(　　)。
   A. A 带中央
   B. I 带中央
   C. H 带中央
   D. A 带、I 带交界处
   E. A 带内、H 带外侧

3. 细肌丝含(　　)。
   A. 肌球蛋白、肌动蛋白和原肌球蛋白
   B. 肌球蛋白、肌动蛋白和肌钙蛋白
   C. 肌动蛋白、原肌球蛋白和肌钙蛋白
   D. 肌球蛋白、原肌球蛋白和肌钙蛋白
   E. TnT、TnI 和 TnC

4. 肌节是(　　)。
   A. 两条相邻 Z 线之间的一段肌原纤维
   B. 两条相邻 Z 线之间的一段肌纤维
   C. 两条相邻 M 线之间的一段肌原纤维
   D. 两条相邻 M 线之间的一段肌纤维
   E. 两条相邻 H 带之间的一段肌原纤维

5. 肌节由(　　)组成。
   A. 1/2A + I + 1/2A
   B. 1/2A + I
   C. 1/2I + A + 1/2I
   D. 1/2A + 1/2I
   E. 1/2I + A

6. 关于肌节的描述,错误的是(　　)。
   A. 骨骼肌收缩的基本结构单位
   B. 肌原纤维是由许多肌节连续排列而成
   C. 收缩时肌节变短
   D. 肌节含有粗肌丝、细肌丝和中间丝
   E. 肌节是指两条相邻 Z 线之间的一段肌原纤维

7. 心肌闰盘的纵位含有(　　)。
   A. 中间连接
   B. 桥粒
   C. 缝隙连接
   D. 连接复合体
   E. 半桥粒

8. 骨骼肌纤维的肌膜向肌浆内凹陷形成( )。
   A. 肌浆网　　　　　B. 胞质内的小泡群　　C. 终池
   D. 纵小管　　　　　E. 横小管

9. 心肌闰盘含有( )。
   A. 中间连接、桥粒、紧密连接
   B. 紧密连接、桥粒、缝隙连接
   C. 连接复合体、紧密连接
   D. 连接复合体、半桥粒
   E. 中间连接、桥粒、缝隙连接

10. 下列关于光镜下心肌纤维与骨骼肌纤维区别的描述,错误的是( )。
    A. 二种肌纤维的大小和粗细不同
    B. 骨骼肌纤维有横纹,心肌纤维没有横纹
    C. 骨骼肌纤维没有闰盘,心肌纤维有闰盘
    D. 骨骼肌纤维含有多个胞核,大多位于周边,心肌纤维只有一两个胞核,位于中央
    E. 骨骼肌纤维没有分支,心肌纤维有分支

11. 心肌纤维的闰盘位于( )。
    A. Z线水平　　　　B. A带与I带交界处水平　　C. I带水平
    D. H带水平　　　　E. M线水平

12. 哺乳动物骨骼肌纤维的横小管位于( )。
    A. I带　　　　　　　B. A带　　　　　　　C. Z线水平
    D. I带与A带交界处　E. 以上均不是

13. 肌浆网是肌细胞内( )。
    A. 粗面内质网　　　B. 滑面内质网　　　C. 细胞内小管
    D. 高尔基复合体　　E. 线粒体

14. 组成粗肌丝的蛋白质是( )。
    A. 肌球蛋白　　　　B. 肌动蛋白　　　　C. 原肌球蛋白
    D. 肌原蛋白　　　　E. 肌红蛋白

15. 电镜观察骨骼肌纤维,只有粗肌丝而无细肌丝的部位是( )。
    A. I带　　　　　　　B. H带　　　　　　　C. A带
    D. A带和H带　　　　E. 以上都不对

16. 骨骼肌纤维收缩时,肌节的变化( )。
    A. A带和H带缩短　　B. I带和H带缩短　　C. A带缩短
    D. I带和A带缩短　　E. A带、I带和H带均缩短

17. 心肌细胞彼此相连形成功能整体的结构是( )。
    A. T小管　　　　　　B. 肌浆网　　　　　　C. 闰盘

D. 肌丝　　　　　　　E. 二联体

18. 骨骼肌纤维中储存 Ca^{2+} 离子的结构是(　　)。
    A. 肌浆　　　　　　B. 肌浆网　　　　　　C. 横小管
    D. 线粒体　　　　　E. 肌红蛋白

19. 骨骼肌三联体的结构和功能是(　　)。
    A. 一个横小管(传递兴奋)和一个终池(储存释放 Ca^{2+} 离子)
    B. 两个横小管(传递兴奋)和一个终池(储存释放 Ca^{2+} 离子)
    C. 一个横小管(传递兴奋)和两侧的终池(储存释放 Ca^{2+} 离子)
    D. 一个横小管(储存释放 Ca^{2+} 离子)和一个终池(传递兴奋)
    E. 两个横小管(传递兴奋)和两个终池(储存释放 Ca^{2+} 离子)

20. 哺乳类骨骼肌三联体位于(　　)。
    A. 明带和暗带交界处　　B. Z 线水平　　　　　C. M 线水平
    D. H 带两侧　　　　　　E. 暗带

21. 心肌纤维的横小管位于(　　)。
    A. Z 线水平　　　　　　B. 明带和暗带交界处　　C. 闰盘水平
    D. H 带水平　　　　　　E. M 线水平

22. 平滑肌纤维间存在的细胞连接是(　　)。
    A. 中间连接　　　　　　B. 紧密连接　　　　　　C. 缝隙连接
    D. 桥粒　　　　　　　　E. 缝隙连接和桥粒

23. 无周期性横纹的结构是(　　)。
    A. 胶原纤维　　　　　　B. 骨骼肌纤维　　　　　C. 网状纤维
    D. 心肌纤维　　　　　　E. 肌原纤维

24. 骨骼肌纤维收缩时,与肌球蛋白分子头结合的蛋白质是(　　)。
    A. 原肌球蛋白　　　　　B. 肌动蛋白　　　　　　C. ATP
    D. 肌钙蛋白　　　　　　E. 以上都不是

25. 镜下观察,骨骼肌纤维中既有粗肌丝又有细肌丝的带是(　　)。
    A. I 带　　　　　　　　B. H 带　　　　　　　　C. H 带以外的 A 带
    D. A 带　　　　　　　　E. 以上均不是

26. 骨骼肌纤维收缩时(　　)。
    A. 暗带和 H 带缩短　　　B. 暗带和明带缩短　　　C. 明带和 H 带缩短
    D. 暗带缩短　　　　　　E. 以上都不是

27. 形成骨骼肌纤维横纹的主要原因为(　　)。
    A. 明带和暗带所含的肌红蛋白不同
    B. 明带和暗带所含的糖原不同
    C. 每条肌原纤维的明带和暗带都准确地排列在同一平面上

D. 明带和暗带的线粒体数量不同

E. 以上都不是

28. 横小管是由(   )形成。

    A. 肌膜　　　　　　B. 肌浆网　　　　　　C. 二联体

    D. 三联体　　　　　E. 以上都不是

29. 下列关于横小管功能的描述，正确的是(   )。

    A. 在肌细胞间传导冲动

    B. 将肌纤维内部的兴奋传导至肌膜

    C. 将肌膜的兴奋传导至肌纤维内部

    D. 储存 Ca^{2+}

    E. 以上都不是

30. 下列关于骨骼肌结构的描述，错误的是(   )。

    A. 肌纤维呈长圆柱状

    B. 具有明显的横纹

    C. 多核，位于肌膜下方

    D. 单核，位于肌纤维中央

    E. 肌纤维极少有分支

31. 平滑肌的功能是(   )。

    A. 除舒缩外,有的还能分泌黏液,产生纤维

    B. 除舒缩外,有的还能产生黏多糖、胶原纤维和弹性纤维

    C. 除舒缩外,有的还能产生纤维和分泌组织胺

    D. 除舒缩外,有的还能产生胶原纤维

    E. 除舒缩外,有的还能分泌黏多糖

四、问答题

1. 简单叙述骨骼肌纤维的超微结构特点。
2. 试述骨骼肌纤维的光镜结构。
3. 试述心肌纤维的结构特点。
4. 试述横纹肌纤维的粗肌丝和细肌丝的分子结构。

【参考答案】

一、名词解释

1. 肌节:两条相邻 Z 线间的一段肌原纤维称为肌节,每个肌节包括 1/2I 带 + A 带 + 1/2I 带,是肌纤维收缩的结构与功能单位。
2. 三联体:每条横小管与两侧的终池组成了三联体,其功能是将神经兴奋从肌膜传递到肌浆网膜。
3. 闰盘:位于 Z 线水平,呈阶梯状,横位有黏合带和桥粒,使心肌纤维间的连接牢固,纵位有缝隙连接,便于细胞间化学信息的交流和电冲动的传导。
4. 肌内膜:分布在每条肌纤维外面的结缔组织称为肌内膜。
5. 肌浆网:肌纤维中特化的滑面内质网,位于横小管之间,纵行包绕一段肌原纤维,也称为纵小管。其功能为储存调节 Ca^{2+} 浓度。
6. 横小管:肌膜向肌浆内凹陷形成的管状结构,其走向与肌纤维长轴垂直。功能是将肌膜的兴奋迅速传导至肌纤维内部。
7. 终池:肌浆网两端扩大呈扁囊状,称为终池。
8. 二联体:心肌纤维中多见横小管和一侧的终池紧贴形成二联体。

二、填空题

1. 肌膜　肌浆　滑面内质网
2. 骨骼肌　心肌　平滑肌
3. Z　肌原纤维　1/2I 带 + A 带 + 1/2I 带　结构　功能
4. 暗带　明带
5. 粗肌丝　细肌丝　肌球蛋白　肌动蛋白　原肌球蛋白　肌钙蛋白
6. 粗肌丝　细肌丝　中部　游离　两侧　附着于 Z 线　游离
7. 细　粗　两者皆有
8. 暗带　明带　H 带两侧的暗带
9. 暗带　明带　Z 线水平　2
10. 滑面内质网　钙泵　钙通道
11. 纵小管　终池　终池　三联体
12. 一　二联体
13. 心肌　中间连接　桥粒　缝隙连接
14. 起搏细胞　移行细胞　蒲肯耶细胞
15. 心房特殊颗粒　心房钠尿肽　利尿　排钠　扩血管　降血压
16. 长圆柱　多　肌膜下方　肌原纤维

17. 短圆柱　分支　一　细胞中央
18. 长梭　一　细胞中央　横纹
19. 运动神经末梢　横小管　Ca^{2+}　肌钙蛋白　肌动蛋白　肌球蛋白
20. H　粗肌丝　Z　细肌丝

三、选择题

1. D　2. B　3. C　4. A　5. C　6. D　7. C　8. E　9. E　10. B　11. A　12. D　13. B　14. A　15. B　16. B　17. C　18. B　19. C　20. A　21. A　22. C　23. C　24. B　25. C　26. C　27. C　28. A　29. C　30. D　31. D

四、问答题

1. 简单叙述骨骼肌纤维的超微结构特点。

骨骼肌纤维的超微结构特点为骨骼肌纤维由肌原纤维、横小管和肌浆网构成。肌原纤维是由粗、细两种肌丝构成,粗肌丝是由肌球蛋白分子构成,细肌丝是由肌动蛋白、原肌球蛋白和肌钙蛋白组成;横小管为肌膜向肌浆内凹陷形成的管状结构,其走向与肌纤维长轴垂直,位于I带与A带交界处;肌浆网为肌纤维中特化的滑面内质网,位于横小管之间,纵行包绕一段肌原纤维,也称为纵小管,两侧膨大称终池,横小管与两侧的终池构成三联体。

2. 试述骨骼肌纤维的光镜结构。

骨骼肌纤维呈长圆柱状,一般无分支,多核,呈扁椭圆形,位于肌膜下方,具有明、暗相间的横纹。

3. 试述心肌纤维的结构特点。

心肌纤维的光镜结构特点:呈短柱状,有分支,以闰盘相互连接成网,核1~2个,呈卵圆状居中,可见横纹,但不如骨骼肌明显。

心肌纤维的超微结构特点:(1) 肌原纤维不明显;(2) 横小管粗,位于Z线水平;(3) 纵小管不发达,多仅形成二联体;(4) 闰盘位于Z线水平,呈阶梯状,横位有中间连接和桥粒,纵位有缝隙连接。(5) 心房肌纤维可分泌心钠素,具有排钠、利尿、扩血管、降血压的作用。

4. 试述横纹肌纤维的粗肌丝和细肌丝的分子结构。

(1) 粗肌丝的分子结构:粗肌丝由肌球蛋白分子组成。肌球蛋白分子呈豆芽状,分头部和杆部,头、杆之间和杆上有两处类似关节,可以屈动。肌球蛋白分子在M线两侧对称排列,杆向内、头向外并露出粗肌丝表面称横桥。肌球蛋白的头部是一种ATP水解酶并与ATP结合,当横桥与肌动蛋白上位点接触时,头部ATP酶被激活,水解ATP释放能量,横桥随即发生屈曲运动。

(2) 细肌丝的分子结构:细肌丝由肌动蛋白、原肌球蛋白和肌钙蛋白三种分子组成。

肌动蛋白分子的单体呈球形,每个单体上都有与肌球蛋白结合的位点,单体相连成串球状,肌动蛋白就是由两条相互缠绕的串珠状螺旋链组成的。原肌球蛋白由双股螺旋多肽链组成,首尾相连,嵌于肌动蛋白双螺旋链两侧的浅沟内。肌钙蛋白由 TnT、TnI 和 TnC 3 个球形亚单位组成。

第 7 章　神经组织

【本章重点内容】

1. 神经元的结构；
2. 突触的定义、分类及光电镜下结构；
3. 有髓神经纤维的结构特点；
4. 血-脑屏障的组成和功能。

【各型试题】

一、名词解释

1. 血-脑屏障。
2. 运动终板。
3. 突触。
4. 尼氏体。
5. 轴丘。
6. 神经纤维。
7. 郎飞结。
8. 神经原纤维。
9. 神经元。
10. 结间体。
11. 神经胶质细胞。
12. 神经末梢。

二、填空题

1. 树突形如_____状，其胞质内结构与_____相似，含有_____和_____等。在分支上常可见许多短小突起，称 _____，是形成

_____的部位。

2. 每个神经元只有_____根轴突,其中无_____。
3. 根据突起的数目多少,可把神经元分为三种:①_____,有一个_____和多个_____;②_____,有_____和_____;③假单极神经元,从胞体发出_____个突起,不远处分为两支,分别称_____和_____。
4. 根据功能的不同,可把神经元分为_____、_____和_____;前者多为_____,后两者多为_____。
5. 神经元有_____和_____两部分,后者又可分为_____和_____两种,一个神经元有一个或多个_____,但只有一个_____。
6. 神经组织由_____和_____组成。
7. 神经细胞是神经组织的_____和_____的基本单位,故神经细胞又称为_____,在生理功能上具有_____、_____和_____的能力。
8. 尼氏体是存在于神经元_____和_____内的斑块状或颗粒状结构,HE切片呈_____性,染成_____色,在电镜下由丰富的_____和_____组成,它的功能是_____。
9. 电镜下,化学突触由_____、_____和_____三部分组成。
10. 神经纤维是由神经元的_____及包绕它的_____构成。根据后者是否形成髓鞘可将其分为_____神经纤维和_____神经纤维。
11. 形成周围神经纤维髓鞘的细胞是_____,形成中枢神经纤维髓鞘的细胞是_____。
12. 神经末梢可分为两大类,即_____和_____。
13. 感觉神经末梢又可分为_____、_____、_____和_____。
14. 触觉小体分布在皮肤的_____处,参与产生_____。
15. 环层小体主要感受较强的_____,参与产生_____和_____。
16. 肌梭是分布于_____中的细长梭形小体,属于_____感受器。
17. 血-脑屏障是由血液与神经之间的_____、_____和_____组成。
18. 中枢神经系统的神经胶质细胞包括_____、_____、_____和_____。
19. 周围神经系统的神经胶质细胞包括_____和_____。
20. 在镀银染色的神经元切片中,呈棕黑色细丝,交错排列成网的结构为_____,电镜下由_____、_____和_____组成。

三、单项选择题

1. 神经纤维的传导是在神经纤维的（　　）上进行的。
   A. 轴膜　　　　　　　B. 轴浆　　　　　　　C. 神经丝
   D. 髓鞘　　　　　　　E. 微管

2. 关于突触的描述，错误的是（　　）。
   A. 神经元与神经元之间或神经元与非神经细胞之间的一种特化的细胞连接
   B. 神经元传递神经冲动的结构
   C. 由突触前成分、突触间隙和突触后成分组成
   D. 突触前成分内有许多突触小泡，小泡内含有营养物质
   E. 突触后膜有神经递质的受体

3. 下列关于光镜下神经细胞特点的描述，错误的是（　　）。
   A. 细胞形状多种多样，都有突起
   B. 由胞体上伸出树突和轴突
   C. 胞核一般较大，多呈圆形，异染色质少，核仁大而明显
   D. 胞体和突起中都有尼氏体
   E. 胞体和突起中都有神经原纤维

4. 形成周围神经系统有髓神经纤维髓鞘的细胞是（　　）。
   A. 星形胶质细胞　　　B. 小胶质细胞　　　　C. 少突胶质细胞
   D. 施万细胞　　　　　E. 卫星细胞

5. 形成中枢神经系统有髓神经纤维髓鞘的细胞是（　　）。
   A. 原浆性星形胶质细胞　B. 纤维性星形胶质细胞　C. 小胶质细胞
   D. 少突胶质细胞　　　　E. 室管膜细胞

6. 有髓神经纤维神经冲动的传导是（　　）。
   A. 在轴膜上连续传导
   B. 由一个郎飞结向另一个郎飞结跳跃式的传导
   C. 由一个结间体向另一个结间体跳跃式的传导
   D. 由一个施-兰切迹向另一个施-兰切迹跳跃式的传导
   E. 在髓鞘上传导

7. 下列关于髓鞘的描述，错误的是（　　）。
   A. 中枢神经纤维的髓鞘由少突胶质细胞形成
   B. 周围神经纤维的髓鞘由施万细胞形成
   C. 一个施万细胞只形成髓鞘的一个结间体
   D. 一个少突胶质细胞可在多个轴突上形成髓鞘
   E. 髓鞘是包裹轴突的一层糖蛋白

8. 下列关于周围有髓神经纤维的描述,错误的是( )。
   A. 轴突外包神经膜细胞
   B. 髓鞘和神经膜都有节段性
   C. 轴突越粗,髓鞘越厚,结间体越长
   D. 结间体越长,传导速度越慢
   E. 髓鞘切迹的位置不是固定不变的
9. 下列关于运动终板结构的描述,错误的是( )。
   A. 神经纤维抵达肌纤维时,仍有完整的髓鞘
   B. 轴突到达肌纤维反复分支,每一支与一条骨骼肌纤维联系
   C. 轴突终末与肌纤维连接处形成板状隆起
   D. 轴突终末富含线粒体和突触小泡
   E. 突触后膜下凹成许多浅槽
10. ( )不属于感觉神经末梢。
    A. 突触小体   B. 肌梭   C. 运动终板
    D. 环层小体   E. 游离神经末梢
11. 神经元的轴突内无( )。
    A. 神经丝   B. 线粒体   C. 微管
    D. 滑面内质网   E. 尼氏体
12. 电突触是神经元之间存在的( )。
    A. 中间连接   B. 紧密连接   C. 缝隙连接
    D. 桥粒   E. 连接复合体
13. 尼氏体在电镜下的组成是( )。
    A. 高尔基复合体和游离核糖体
    B. 线粒体和游离核糖体
    C. 溶酶体和游离核糖体
    D. 粗面内质网和游离核糖体
    E. 滑面内质网和游离核糖体
14. 周围神经系统有髓神经纤维的神经膜是指( )。
    A. 神经内膜   B. 神经束膜   C. 神经外膜
    D. 施万细胞膜   E. 施万细胞
15. 突触前膜是( )。
    A. 轴突末端细胞膜
    B. 释放神经递质侧的细胞膜
    C. 树突末端细胞膜
    D. 有受体一侧的细胞膜

E. 胞体的细胞膜

16. 化学突触内与神经冲动传递直接相关的结构是（　　）。
    A. 线粒体　　　　B. 微管　　　　　C. 突触小泡
    D. 微丝　　　　　E. 神经丝

17. 神经元尼氏体分布在（　　）。
    A. 胞体内　　　　B. 胞体和轴突内　　C. 胞体和树突内
    D. 树突和轴突内　E. 树突内

18. 神经元传导神经冲动是通过（　　）。
    A. 微管　　　　　B. 神经膜　　　　　C. 神经内膜
    D. 轴膜　　　　　E. 以上都不是

19. 感受痛觉的神经末梢是（　　）。
    A. 肌梭　　　　　B. 触觉小体　　　　C. 环层小体
    D. 游离神经末梢　E. 运动终板

20. 下列关于神经胶质细胞功能的描述，错误的是（　　）。
    A. 支持　　　　　B. 保护　　　　　　C. 营养
    D. 接受刺激　　　E. 绝缘

21. （　　）来源于单核细胞。
    A. 少突胶质细胞　B. 室管膜细胞　　　C. 星形胶质细胞
    D. 小胶质细胞　　E. 施万细胞

22. 感受应力刺激、参与产生触觉的神经末梢是（　　）。
    A. 肌梭　　　　　B. 触觉小体　　　　C. 环层小体
    D. 游离神经末梢　E. 运动终板

23. 下列参与形成血-脑屏障的细胞是（　　）。
    A. 星形胶质细胞　B. 少突胶质细胞　　C. 小胶质细胞
    D. 室管膜细胞　　E. 施万细胞

24. 下列属于本体感受器的为（　　）。
    A. 触觉小体　　　B. 环层小体　　　　C. 肌梭
    D. 游离神经末梢　E. 运动终板

25. 支配骨骼肌运动的神经末梢为（　　）。
    A. 肌梭　　　　　B. 触觉小体　　　　C. 环层小体
    D. 游离神经末梢　E. 运动终板

26. 神经元的胞体是细胞的营养中心，这主要是由于其胞体内富含（　　）。
    A. 神经原纤维　　B. 微丝　　　　　　C. 神经丝
    D. 高尔基复合体　E. 粗面内质网及游离核糖体

27. 下列具有吞噬功能的神经胶质细胞为(　　)。
    A. 少突胶质细胞　　B. 星形胶质细胞　　C. 小胶质细胞
    D. 施万细胞　　　　E. 室管膜细胞
28. 下列突触方式最为常见的是(　　)。
    A. 轴－体突触和树－树突触
    B. 轴－树突触和轴－树突触
    C. 轴－体突触和轴－树突触
    D. 轴－体突触和轴－轴突触
    E. 以上均不是

四、问答题

1. 何为突触，简述其电镜结构与功能。
2. 试述神经元的结构特点和功能。
3. 试述周围神经系统有髓神经纤维的结构特点与功能。
4. 叙述神经末梢的分类与功能。

【参考答案】

一、名词解释

1. 血－脑屏障：血液与脑组织之间存在的一种屏障，由连续性毛细血管内皮、基膜和胶质膜三层构成，其功能为阻止血液中某些物质进入神经组织，选择性地允许营养物质和代谢产物顺利通过，以维持组织内环境的相对稳定。

2. 运动终板：运动神经元的轴突末端到达骨骼肌肌膜处失去髓鞘，分支呈爪状贴附于骨骼肌表面形成椭圆形板状隆起的突触连接，称神经－肌连接，又称运动终板。其功能为当神经冲动传至轴突终末时，乙酰胆碱释放，与突触后膜相应受体结合，引起肌纤维收缩。

3. 突触：神经元与神经元之间或神经元与非神经元之间一种特化的细胞连接，是神经元传递信息的重要结构。突触分为化学性突触和电突触，化学性突触在电镜下可分为三部分，即突触前成分、突触间隙和突触后成分，功能：传导神经冲动。

4. 尼氏体：具有强嗜碱性，均匀分布，呈粗大斑块状或细颗粒状。电镜下，尼氏体由发达的粗面内质网和游离核糖体构成。其主要功能为合成蛋白质。

5. 轴丘：光镜下胞体发出轴突的部位常呈圆锥形，称轴丘。轴丘区无尼氏体，所以染色较浅。轴丘内也无高尔基复合体。

6. 神经纤维：由神经元的长轴突及包绕它的神经胶质细胞构成，包裹中枢神经纤维轴突的胶质细胞是少突胶质细胞,包裹周围神经纤维轴突的是施万细胞。根据神经胶质细胞是否形成髓鞘,可将其分为有髓神经纤维和无髓神经纤维两类。

7. 郎飞结:相邻施万细胞不完全连接,在神经纤维上这一部位较狭窄且轴膜部分裸露称为郎飞结。

8. 神经原纤维:神经原纤维在镀银染色切片中,呈棕黑色细丝,交错排列成网,并伸入树突和轴突。电镜下由神经丝、微管和微丝构成。神经原纤维的功能为构成神经元的细胞骨架、参与物质转运。

9. 神经元:神经细胞又称神经元,是神经系统的结构和功能单位。神经元的功能为接受刺激、整合信息、传导神经冲动。

10. 结间体:相邻两个郎飞结之间的一段神经纤维称为结间体。

11. 神经胶质细胞:分布在神经元之间或神经元与非神经细胞之间,其数量为神经元的 10~50 倍。神经胶质细胞对神经元起支持、营养、绝缘和保护等作用,也参与神经递质和活性物质的代谢。

12. 神经末梢:神经末梢是周围神经纤维的终末部分终止于各种组织或器官内,遍布全身,形成各种各样的神经末梢。按其功能可分为感觉神经末梢和运动神经末梢。

二、填空题

1. 树枝　胞体　尼氏体　神经原纤维　树突棘　突触
2. 一　尼氏体
3. 多极神经元　轴突　树突　双极神经元　一个轴突　一个树突　一　中枢突　周围突
4. 感觉神经元　运动神经元　中间神经元　假单极神经元　多极神经元
5. 胞体　突起　树突　轴突　树突　轴突
6. 神经元　神经胶质细胞
7. 结构　功能　神经元　接受刺激　整合信息　传导冲动
8. 胞体　树突　嗜碱　紫蓝　粗面内质网　游离核糖体　合成蛋白质
9. 突触前成分　突触间隙　突触后成分
10. 长轴突　神经胶质细胞　有髓　无髓
11. 施万细胞　少突胶质细胞
12. 感觉神经末梢　运动神经末梢
13. 游离神经末梢　触觉小体　环层小体　肌梭
14. 真皮乳头　触觉
15. 应力　压觉　振动觉
16. 骨骼肌　本体
17. 脑毛细血管内皮　基膜　神经胶质膜

18. 星形胶质细胞　少突胶质细胞　小胶质细胞　室管膜细胞
19. 施万细胞　卫星细胞
20. 神经元纤维　神经丝　微管　微丝

三、单项选择题

1. D　2. D　3. D　4. D　5. D　6. B　7. E　8. D　9. A　10. C　11. E　12. C　13. D　14. D　15. B　16. C　17. C　18. D　19. D　20. D　21. D　22. B　23. A　24. C　25. E　26. E　27. C　28. C

四、问答题

1. 何为突触，简述其电镜结构与功能。

突触为神经元与神经元之间或神经元与非神经元之间一种特化的细胞连接，是神经元传递信息的重要结构。突触分为化学性突触和电突触。一般所说的突触为化学性突触。化学性突触在电镜下可分为三部分，即突触前成分、突触间隙和突触后成分。功能为传导神经冲动。

2. 试述神经元的结构特点和功能。

神经元由胞体和突起组成，突起又分树突和轴突。神经元的功能为接受刺激、整合信息、传导神经冲动。

胞体由细胞膜、细胞质、细胞核组成。细胞膜是可兴奋膜，可接受刺激，传导神经冲动，核居中，大而圆，核膜清楚，常染色质多，故染色浅，核仁大而明显。细胞质内除含一般的细胞器外，还有尼氏体（电镜下粗面内质网和游离核糖体组成）和神经原纤维（电镜下神经丝和微管组成）。

树突呈树枝状，表面有大量的树突棘，内部结构与胞体相似。功能是接受刺激。

轴突只有一个，起始部称轴丘，轴突表面有轴膜，内含轴质。轴丘和轴质内无尼氏体，有神经原纤维。功能是传导神经冲动，还有运输作用。轴突起始段轴膜的电兴奋性阈较胞体或树突低得多，常是神经元发动冲动的起始部位。

3. 试述周围神经系统有髓神经纤维的结构特点与功能。

周围神经系统有髓神经纤维是由轴突、髓鞘和神经膜构成。髓鞘及神经膜呈鞘状包裹在轴突的周围。形成髓鞘的细胞为施万细胞。在轴突的起始部位无髓鞘包裹，此部位被称为起始段。起始段远侧的轴突部分，髓鞘呈节段包卷轴突，相邻施万细胞不完全连接，在神经纤维上这一部位较狭窄且轴膜部分裸露称为郎飞结。相邻两个郎飞结之间的一段神经纤维称为结间体。髓鞘主要是由类脂质和蛋白质组成，称为髓磷脂。在常规染色标本上，因髓鞘中的类脂被溶解，仅见残存的蛋白质呈网状。在锇酸浸染标本上，髓鞘呈黑色，其中还可见数个呈漏斗形的斜裂，称髓鞘切迹或施-兰切迹。电镜下，髓鞘呈明暗相间的同心圆板层排列。有髓神经纤维的神经冲动传导，是从一个郎飞结跳到相邻郎飞结的跳跃式传导,神经纤维越粗,结间体越长,髓鞘越厚,传导速度越快。

4. 叙述神经末梢的分类与功能。

神经末梢是周围神经纤维的终末部分,遍布全身。按其功能可分为感觉神经末梢和运动神经末梢。

感觉神经末梢是感觉神经元(假单极神经元)周围突的终末部分,该终末与其他结构共同组成感觉器。感觉神经末梢分为游离神经末梢、触觉小体、环层小体和肌梭。

（1）游离神经末梢:较细的有髓或无髓神经纤维终末反复分支而成,主要分布在表皮、角膜和毛囊的上皮细胞间或结缔组织内,感受冷、热、轻触和痛的刺激。

（2）触觉小体:分布在真皮乳头内的卵圆形囊包小体,小体内有许多横列的扁平细胞,有髓神经纤维的裸露末梢分支盘绕其间。触觉小体的主要功能为感受应力刺激,参与产生触觉。

（3）环层小体:分布皮下组织、肠系膜等处体积较大卵圆形或球形小体。结构为数十层扁平细胞同心圆排列,中央有一均质圆柱体裸露,神经末梢穿行其中。功能为感受压觉和振动觉。

（4）肌梭:分布在骨骼肌内的梭形小体,外为结缔组织被囊,内含若干条细小的骨骼肌纤维(梭内肌纤维),感觉神经纤维失去髓鞘环包梭内肌中段或呈花枝样附于近中段。运动神经末梢分布在梭内肌纤维两端。肌梭为本体感受器,感受肌纤维的伸缩变化,调节骨骼肌活动。

运动神经末梢为运动神经元的长轴突分布于肌组织和腺内的终末结构,该终末与邻近组织共同组成效应器。可分为躯体运动神经末梢和内脏运动神经末梢两大类。

（1）躯体运动神经末梢:分布于骨骼肌。躯体运动神经元的轴突末端到达骨骼肌肌膜处失去髓鞘,其轴突反复分支,分支呈爪状贴附于骨骼肌表面形成椭圆形板状隆起的突触连接,称神经-肌连接,又称运动终板。其功能为当神经冲动传至轴突终末时,乙酰胆碱释放,与突触后膜相应受体结合,引起肌纤维收缩。

（2）内脏运动神经末梢:分布于内脏及心血管的平滑肌、心肌和腺上皮等处,为节后神经纤维,较细,无髓鞘,其轴突终末分支常呈串珠样膨体与效应细胞建立突触联系。

第8章 神经系统

【本章重点内容】

1. 大脑皮质的基本结构与功能；
2. 小脑皮质的基本结构与功能；
3. 脊髓灰质的结构特点与功能；
4. 脊神经节的基本结构。

【各型试题】

一、名词解释

1. 脉络丛。
2. Purkinje cell。
3. 锥体细胞。
4. 攀缘纤维。

二、填空题

1. 大脑皮质内的颗粒细胞，根据胞体形状或突起走行方向分为_____、_____、_____和_____等。
2. 大脑皮质一般分为六层，由表面至深层分别为_____、_____、_____、_____、_____和_____等。
3. 小脑皮质分为三层，由表面至深层分别为_____、_____和_____。
4. 小脑皮质的神经元有_____、_____、_____、_____和_____五种，其中_____是唯一的传出神经元。
5. 大脑皮质和小脑皮质的最表面一层均称为_____，该层内的神经元在形态上都属于_____，在功能上都属于_____。

6. 在大脑皮质内锥体细胞层有一种巨大锥体细胞，称_____，其轴突组成_____。

7. 脊髓前角内多是躯体运动神经元，胞体大的称_____；胞体小的称_____。另有一种小的中间神经元称_____。

8. 脑脊膜由外向内分为_____、_____和_____三层，具有_____作用。

9. 脑脊液由_____分泌，充满于_____、_____、_____和_____。

三、单项选择题

1. 大脑皮质运动区较发达的一层是(　　)。
   A. 内颗粒层　　　　B. 外颗粒层　　　　C. 多形细胞层
   D. 内锥体细胞层　　E. 外锥体细胞层

2. 关于投射神经元的描述，错误的是(　　)。
   A. 胞体大　　　　　B. 轴突长　　　　　C. 位于中枢神经系统
   D. 其长轴突称为投射纤维　　E. 轴突不离开胞体所在灰质区

3. 来自丘脑的神经纤维终末主要分布在大脑皮质的(　　)。
   A. 内颗粒层　　　　B. 外颗粒层　　　　C. 多形细胞层
   D. 内锥体细胞层　　E. 外锥体细胞层

4. 小脑皮质的传出神经元是(　　)。
   A. 颗粒细胞　　　　B. 篮状细胞　　　　C. 高尔基细胞
   D. 星形细胞　　　　E. 蒲肯耶细胞

5. 锥体细胞分布在(　　)。
   A. 脊髓前角　　　　B. 小脑皮质　　　　C. 大脑皮质
   D. 脊髓灰质　　　　E. 脑干神经核

6. 小脑皮质的平行纤维是(　　)。
   A. 蒲肯耶细胞的轴突侧支
   B. 颗粒细胞轴突末端分支
   C. 篮状细胞轴突末端侧支
   D. 从脊髓来的苔藓纤维
   E. 从延髓来的攀缘纤维

7. 下列关于蒲肯耶细胞的描述，错误的是(　　)。
   A. 胞体位于皮质最深层
   B. 树突表面有许多树突棘
   C. 树突分支茂密呈扁薄的扇形

D. 轴突构成小脑的传出纤维
E. 小脑皮质内最大的神经元
8. 下列关于蛛网膜的描述,错误的是( )。
A. 可突入静脉窦形成绒毛状突起
B. 蛛网膜的结缔组织纤维形成小梁
C. 较厚的致密结缔组织
D. 蛛网膜下隙内含脑脊液
E. 蛛网膜内、外表面及小梁表面被覆间皮

四、问答题

1. 试述大脑皮质的基本结构。
2. 试述小脑皮质的基本结构。
3. 试述脊髓灰质的基本结构。
4. 试述脊神经节的基本结构。

【参考答案】

一、名词解释

1. 脉络丛:位于第三、四脑室顶部和侧脑室内,是局部的软膜与室管膜直接相贴并突入脑室而形成的皱襞状结构。室管膜形成脉络丛上皮,由单层矮柱状或立方形细胞组成。脉络丛上皮细胞不断分泌脑脊液。脉络丛上皮、基膜和结缔组织中的毛细血管共同构成血－脑脊液屏障,使脑脊液成分保持稳定。

2. Purkinje cell:即蒲肯耶细胞,是小脑皮质内最大的神经元,也是小脑皮质内唯一的传出神经元。蒲肯耶细胞胞体大,呈梨形,在分子层和颗粒层之间排列为规则的一层,形成小脑皮质内的蒲肯耶细胞层。

3. 锥体细胞:是大脑皮质内的一种神经元,其胞体形似锥体。尖端发出一条粗的顶树突,伸向皮质表面,沿途有许多小分支发出,胞体还发出一些水平走向的基树突。轴突发自胞体底部。锥体细胞分大、中、小三型。小型锥体细胞的轴突短,不出皮质,属中间神经元。大型锥体细胞和一些中型锥体细胞的轴突长,组成投射纤维或联合传出纤维。锥体细胞是大脑皮质内的主要传出神经元。

4. 攀缘纤维:是小脑皮质的传入纤维,它主要起自延髓的下橄榄核,纤维较细,进入皮质后攀附在蒲肯耶细胞的树突上,形成突触。攀缘纤维为兴奋性纤维,可直接引起蒲肯耶细胞的兴奋。

二、填空题

1. 水平细胞　星形细胞　篮状细胞　上行轴突细胞
2. 分子层　外颗粒层　外锥体细胞层　内颗粒层　内锥体细胞层　多形细胞层
3. 分子层　蒲肯耶细胞层　颗粒层
4. 蒲肯耶细胞层　颗粒细胞　星形细胞　篮状细胞　高尔基细胞　蒲肯耶细胞
5. 分子层　多极神经元　中间神经元
6. Betz 细胞　投射纤维
7. α 运动神经元　γ 运动神经元　闰绍细胞
8. 硬膜　蛛网膜　软膜　保护和支持
9. 脉络丛上皮细胞　脑室　脊髓中央管　蛛网膜下隙　血管周隙

三、单项选择题

1. D　2. E　3. A　4. E　5. C　6. B　7. A　8. C

四、问答题

1. 试述大脑皮质的基本结构。

大脑皮质一般分为6层,由表面至深层分别为:分子层、外颗粒层、外锥体细胞层、内颗粒层、内锥体细胞层和多形细胞层。大脑皮层主要由神经元和神经胶质细胞组成。神经元包括锥体细胞、梭形细胞和颗粒细胞三种类型。

2. 试述小脑皮质的基本结构。

小脑皮质分为三层,由表面至深层分别为:分子层、蒲肯耶细胞和颗粒层。小脑皮质主要由神经元和神经胶质细胞组成。神经元包括蒲肯耶细胞、颗粒细胞、星形细胞、篮状细胞和高尔基细胞5种类型。蒲肯耶细胞是唯一的传出神经元,胞体大,呈梨形,顶端有2~3条粗的主树突发出,其分支茂密,形成与小脑叶片长轴垂直的扁薄扇形。在细胞底部发出一条细长轴突,伸入小脑白质,终止于其中的神经核。

3. 试述脊髓灰质的基本结构。

脊髓灰质分前角、后角和侧角,主要是多极神经元和神经胶质细胞。前角内多是躯体运动神经元,大小不一,大的称α运动神经元,其轴突比较粗,分布于骨骼肌;小的称γ运动神经元,其轴突比较细,支配肌梭内的肌纤维。闰绍细胞是前角内小的中间神经元,可抑制α运动神经元,后角内的神经元主要接受感觉神经元传入的神经冲动。束细胞的轴突较长形成各种纤维束,上行至脑干、小脑和丘脑。中间神经元的轴突长短不一,均不离开脊髓。侧角内的神经元是内脏运动神经元,其轴突终止于交感神经节。

4. 试述脊神经节的基本结构。

脊神经节是脊髓两侧脊神经根上的膨大结构,属感觉神经节。节内有假单极神经元胞体和神经纤维束。节细胞胞体成群分布,形状呈圆形或卵圆形,大小不等,核圆形,位于中央。在胞体上发出一个突起,盘曲后呈"T"形分支,一支进入中枢,另一支经脊神经进入其他器官,形成感觉神经末梢。在胞体及其附近胞突外有卫星细胞包裹,节内神经纤维平行排列,多为有髓神经纤维,外面包裹有施万细胞。

第9章 眼和耳

【本章重点内容】

1. 眼球壁的结构特点；
2. 视网膜的结构特点与功能；
3. 内耳的结构组成与功能；
4. 螺旋器、壶腹嵴、椭圆囊斑和球囊斑的结构特点。

【各型试题】

一、名词解释

1. 黄斑。
2. 壶腹嵴。
3. 螺旋器。
4. 巩膜静脉窦。
5. 视盘。

二、填空题

1. 角膜由前向后分_____、_____、_____、_____、_____。
2. 视网膜由外向内主要有_____、_____、_____、_____。最内层细胞的轴突汇集成_____。
3. 视网膜的后极有两个特殊的区域,即_____和_____,前者是视觉最敏锐的区域,后者为视神经穿出处,缺乏_____,为视觉盲点。
4. 视网膜的感光神经元分_____和_____两种。前者膜盘嵌有感光物质,称_____,感受弱光;后者膜盘嵌有感光物质,称_____,能感受强光和色觉。
5. 视细胞的树突由内节和外节构成,_____为感光部分,电镜下可见许多平行排列的_____;内节为_____和_____的部分。

6. 眼球壁由内向外依次为_____、_____和_____。
7. 视网膜黄斑处的中央凹只有_____和_____,该处是_____。
8. 膜迷路管壁的黏膜是由单层立方或单层扁平上皮和固有层组成的膜性囊管;包括_____、_____和_____。
9. 耳蜗可分为三部分,上为_____,下为_____,这两者之间三角形的管道称_____。
10. 壶腹嵴的上皮由_____和_____组成,壶腹嵴功能是_____。
11. 膜蜗管的外侧壁黏膜较厚,上皮内含有_____,该上皮称_____,其功能是产生_____。
12. 螺旋器由_____和_____构成;前者种类多,主要由_____和_____组成。
13. 眼球壁血管膜是富含有_____和_____的疏松结缔组织,从前向后依次为_____、_____和_____。
14. 膜迷路充满_____,而膜迷路和骨迷路之间充满_____,两者_____相通。
15. 当头旋转时_____移位使_____倾斜,遂使_____细胞受刺激发生兴奋,经_____神经将冲动传向中枢。

三、单项选择题

1. 角膜上皮为(　　)。
   A. 复层柱状上皮　　　B. 未角化复层上皮　　　C. 复层扁平上皮
   D. 未角化的复层扁平上皮　　E. 单层立方上皮
2. 视觉最敏锐的区域是(　　)。
   A. 巩膜距　　　　　B. 巩膜静脉窦　　　　　C. 睫状肌
   D. 黄斑中央凹　　　E. 视神经乳头
3. 调节晶状体曲度的是(　　)。
   A. 巩膜距　　　　　B. 睫状肌　　　　　　　C. 巩膜静脉窦
   D. 黄斑中央凹　　　E. 视神经乳头
4. 视网膜能感受强光和色觉的是(　　)。
   A. 色素上皮细胞　　B. 视锥细胞　　　　　　C. 视杆细胞
   D. 双极细胞　　　　E. 节细胞
5. 眼内更新快的屈光介质是(　　)。
   A. 角膜　　　　　　B. 房水　　　　　　　　C. 晶状体
   D. 玻璃体　　　　　E. 泪液膜

6. 看近物时,(   )。
   A. 睫状肌收缩、睫状小带松弛、晶状体变厚
   B. 睫状肌舒张、睫状小带松弛、晶状体变薄
   C. 睫状肌收缩、睫状小带拉紧、晶状体变厚
   D. 睫状肌舒张、睫状小带拉紧、晶状体变薄
   E. 以上都不是

7. 看远物时,(   )。
   A. 睫状肌舒张、睫状小带拉紧、晶状体变厚
   B. 睫状肌舒张、睫状小带拉紧、晶状体变薄
   C. 睫状肌收缩、睫状小带松弛、晶状体变厚
   D. 睫状肌收缩、睫状小带松弛、晶状体变薄
   E. 以上都不是

8. 视网膜中央凹处有(   )。
   A. 色素上皮细胞和视锥细胞
   B. 色素上皮细胞和视杆细胞
   C. 视杆细胞和视锥细胞
   D. 视锥细胞、双极细胞和节细胞
   E. 视杆细胞、节细胞

9. (   )的突起形成视神经。
   A. 双极细胞   B. 视杆细胞   C. 视锥细胞
   D. 节细胞   E. 色素上皮细胞

10. 含视紫红质、感受暗光和弱光的是(   )。
    A. 色素上皮细胞   B. 视杆细胞   C. 视锥细胞
    D. 双极细胞   E. 节细胞

11. 感受头部旋转运动的结构是(   )。
    A. 血管纹   B. 听弦   C. 螺旋器
    D. 位觉斑   E. 壶腹嵴

12. 感受直线变速运动和静止状态的结构是(   )。
    A. 血管纹   B. 听弦   C. 位觉斑
    D. 螺旋器   E. 壶腹嵴

13. 感受声波刺激的结构是(   )。
    A. 位觉斑   B. 壶腹嵴   C. 血管纹
    D. 螺旋器   E. 听弦

14. 关于视细胞的描述,错误的是(   )。
    A. 为感光神经元   B. 包括视杆和视锥细胞   C. 均属多极神经元

D. 外节为感光部分　　E. 内节是合成蛋白质和供能部分

15. 眼球壁由外向内依次为（　　）。
    A. 巩膜、血管膜、视网膜
    B. 角膜、血管膜、视网膜
    C. 纤维膜、虹膜、视网膜
    D. 纤维膜、脉络膜、视网膜
    E. 纤维膜、血管膜、视网膜

16. 角膜透明的主要原因是（　　）。
    A. 上皮未角化，角膜基质不含血管，基质含有适量水分
    B. 上皮中不含色素颗粒，固有层基膜中含硫酸软骨素
    C. 角膜不含血管和色素，固有层纤维平行排列，基质含适量水分，上皮基部平坦
    D. 上皮未角化，固有层含少量成纤维细胞
    E. 上皮基部平坦，固有层不含色素，基质含适量水分

17. 视网膜四层细胞，由外向内依次为（　　）。
    A. 色素上皮细胞、节细胞、视细胞、双极细胞
    B. 视细胞、色素上皮细胞、节细胞、双极细胞
    C. 色素上皮细胞、视细胞、节细胞、双极细胞
    D. 色素上皮细胞、视细胞、双极细胞、节细胞
    E. 节细胞、双极细胞、色素上皮细胞、视细胞

18. 下列关于内耳毛细胞的描述，错误的是（　　）。
    A. 毛细胞呈烧瓶状
    B. 分布于指细胞顶部的凹陷内
    C. 毛细胞有许多静纤毛
    D. 毛细胞属于感觉上皮细胞
    E. 毛细胞属于感觉神经元

19. 产生内淋巴的结构是（　　）。
    A. 内淋巴囊　　　　　B. 球囊斑　　　　　　C. 椭圆囊斑
    D. 血管纹　　　　　　E. 壶腹嵴

20. 下列关于膜蜗管的描述，错误的是（　　）。
    A. 属于膜迷路
    B. 其上方为前庭阶，下方为鼓室阶
    C. 下壁为基底膜和骨性螺旋板
    D. 下壁内有螺旋器
    E. 其上壁为螺旋缘

21. （　　）不是视锥细胞的特点。

第 9 章 眼和耳

A. 细胞突起分内侧和外侧,外侧突起呈圆锥形,分内、外两节
B. 外节膜盘上镶嵌有视色素
C. 顶部膜盘不断脱落,由内节产生补充
D. 可位于中央凹处
E. 内侧突起与双极细胞相连

22. 下列关于视杆细胞的描述,错误的是(   )。
    A. 外侧突起呈细长杆状,分内、外两节
    B. 外节细长,细胞膜从一侧凹陷形成许多平行排列的膜盘
    C. 不出现在中央凹处
    D. 膜盘上嵌有视紫红质
    E. 内侧突起参与组成视神经

23. (   )不是视网膜的色素上皮的特点。
    A. 紧贴于脉络膜内面
    B. 含很多黑色素颗粒
    C. 有很多伸入视细胞间的细长突起
    D. 有微弱的感光功能
    E. 可吞噬视神经的代谢产物

24. 下列关于螺旋器的描述,错误的是(   )。
    A. 位于基底膜上
    B. 由支持细胞和毛细胞组成
    C. 内毛细胞排列成三、四列,外毛细胞排成一列
    D. 毛细胞的游离面有规则排列的静纤毛
    E. 其下方有听弦

25. 下列关于虹膜结构的描述,不正确的是(   )。
    A. 位于角膜后方,呈环形
    B. 中央为瞳孔
    C. 其组织结构从前向后为前缘层、虹膜基质和后界层
    D. 前缘层与角膜后上皮相延续
    E. 与玻璃体之间有腔隙称为后房

四、问答题

1. 试述外界光线经哪些结构和途径传入视神经。
2. 试述听觉感受器是怎样感受外界声音刺激的。
3. 试比较视网膜中两种视细胞的结构和功能。

【参考答案】

一、名词解释

1. 黄斑是位于视网膜后极的一浅黄色区域，呈横向椭圆形，直径 1~3mm，其中央的小凹称中央凹。中央凹处视网膜最薄，仅 0.1mm 厚，只有色素上皮和视锥细胞。视锥细胞与侏儒双极细胞、侏儒节细胞形成一对一的光路传导。双极细胞和节细胞均斜向外周，光线能直接刺激视锥细胞，故此处是视觉最敏锐的部位。

2. 壶腹嵴位于膜半规管的壶腹部，是一侧黏膜增厚形成的嵴状隆起。上皮为单层高柱状，由支持细胞和毛细胞组成。上皮表面覆盖着一层胶质性的壶腹帽，由支持细胞分泌的糖蛋白形成。毛细胞的动纤毛和静纤毛伸入壶腹帽内，毛细胞的基部与前庭神经末梢形成突触。壶腹嵴是位觉感受器，感受身体或头部的旋转变速运动。

3. 螺旋器位于膜蜗管的基膜上，呈螺旋状隆起，由支持细胞和毛细胞组成。支持细胞主要有柱细胞和指细胞，它们分别排列内、外两行。内、外柱细胞之间有三角形的内隧道，内柱细胞内侧有一列内指细胞，外柱细胞外侧有 3~4 列外指细胞，内外指细胞分别支托内、外毛细胞。毛细胞顶部有许多静纤毛，基部与来自耳蜗神经节细胞的轴突末端形成突触。螺旋器上方有胶质性的盖膜，其基底膜上有听弦。螺旋器为听觉感受器，声波传入内耳时，外淋巴和内淋巴的振动使基底膜和螺旋器发生共振，引起毛细胞兴奋，并经耳蜗神经传入中枢产生听觉。

4. 巩膜静脉窦是位于角膜缘内的环行管道，管腔大而不规则，管壁由内皮、不连续的基膜和薄层结缔组织构成。巩膜静脉窦是房水回流的通道，其内侧有小梁网，小梁网间隙与巩膜静脉窦相通。前房内的房水在前房角经小梁间隙入巩膜静脉窦，继而由静脉导出。如果角膜缘处的病变或损伤使其内部管道阻塞，可导致房水回流受阻。

5. 视盘又称视神经乳头或盲点，是位于眼球后方视网膜上的一圆盘状隆起，中央略凹。此处无感光细胞，有视神经穿出及视网膜中央动、静脉通过。

二、填空题

1. 角膜上皮　前界层　角膜基质　后界层　角膜内皮
2. 色素上皮细胞层　视细胞层　双极细胞层　节细胞层　视神经
3. 黄斑　视神经乳头　视细胞
4. 视杆细胞　视锥细胞　视紫红质　视色素
5. 外节　膜盘　合成感光物质　供能
6. 视网膜　血管膜　纤维膜
7. 色素上皮　视锥细胞　视觉最敏锐处
8. 膜蜗管　膜前庭　膜半规管

第9章 眼和耳   67

9. 前庭阶　鼓室阶　膜蜗管
10. 支持细胞　毛细胞　感受身体或头部的旋转变速运动
11. 毛细血管　血管纹　内淋巴
12. 支持细胞　毛细胞　柱细胞　指细胞
13. 血管　色素细胞　虹膜基质　睫状体基质　脉络膜
14. 内淋巴　外淋巴　互不
15. 内淋巴　壶腹帽　毛　前庭

三、单项选择题

1. D　2. D　3. B　4. B　5. B　6. A　7. B　8. A　9. D　10. B　11. E　12. C　13. D　14. C　15. E　16. C　17. D　18. E　19. D　20. E　21. C　22. E　23. D　24. C　25. C

四、问答题

1. 试述外界光线经哪些结构和途径传入视神经。

外界光线沿着眼球视轴进入眼,经角膜→前房→瞳孔→后房→晶状体→玻璃体→视网膜节细胞→双极细胞→视细胞。视细胞包括视杆细胞和视锥细胞,它们是感受光线的感受神经元,在其视杆和视锥外节的膜盘上有感光物质,光刺激被转化为神经冲动后,经双极细胞和一些横向中间神经元(如水平细胞、无长突细胞和网间细胞)传给节细胞,再由节细胞的长轴突汇聚而成的视神经传入中枢,产生光感。

2. 试述听觉感受器是怎样感受外界声音刺激的。

听觉感受器又称螺旋器或柯蒂氏器,位于膜蜗管的基底膜上,呈螺旋状隆起,由支持细胞和毛细胞组成。支持细胞主要包括柱细胞和指细胞,毛细胞是感受声波的上皮细胞,其顶部有许多静纤毛,基部与来自耳蜗神经节细胞的树突末端形成突触。螺旋器上方有胶质性的盖膜。外耳道传入的声波使鼓膜振动,经听骨链传至卵圆窗,引起前庭阶外淋巴的振动,使前庭膜、膜蜗管内的内淋巴及盖膜也随之振动。前庭阶外淋巴的振动,又可经蜗孔传至鼓室阶,使基底膜和螺旋器也发生振动,因而毛细胞与盖膜的位置关系发生变化,毛细胞的静纤毛发生弯曲,引起毛细胞兴奋,该信息经耳蜗神经传入中枢,产生听觉。

3. 试比较视网膜中两种视细胞的结构和功能。

视细胞分视杆细胞和视锥细胞两种。视杆细胞长,外突呈杆状,称为视杆,内突末端呈球状。视杆分为内节和外节,内节含丰富的粗面内质网、高尔基复合体和线粒体,是合成蛋白质的部位。外节是感光部位,含大量平行排列的与胞膜分离的膜盘。膜盘不断向外节顶部推移,并不断老化脱落。膜盘上的感光蛋白为视紫红质,感受弱光。视锥细胞外形较视杆细胞粗壮,外突呈圆锥形,称为视锥,内突末端呈足状。视锥外节的膜盘大多不与胞膜分离,顶部膜盘也不脱落。其膜盘上的感光蛋白为视色素,感受强光和颜色。

第 10 章　循环系统

【本章重点内容】

1. 心脏壁的结构特点；
2. 动脉的结构特点；
3. 毛细血管电镜下分类、结构及分布；
4. 静脉和动脉管壁的主要不同点。

【各型试题】

一、名词解释

1. 心脏传导系统。
2. 心内膜。
3. 周细胞。
4. 内弹性膜。
5. 心瓣膜。
6. 起搏细胞。
7. 血窦。

二、填空题

1. 心血管系统包括_____、_____、_____和_____；而循环系统,除此之外,还包括_____。
2. 根据管径大小,动脉可分为_____、_____、_____和_____四级。
3. 肌性动脉包括_____和_____,这类动脉的结构特点之一是_____膜较厚,主要由_____构成。
4. 弹性动脉是指_____,它的主要功能是血液流动_____,其结构特点是

第10章 循环系统

_____膜很厚,主要由_____层_____膜构成。

5. 管径在0.3～1mm的动脉是_____,它对_____及_____的调节有重要作用,故与微动脉一起又称_____血管。

6. 毛细血管在电镜下可分为三种类型为_____、_____和_____。

7. 动脉的管壁结构可分为三层:_____、_____和_____。前者又分为_____、_____和_____。

8. 静脉常与相应的动脉伴行,同级动静脉相比,静脉数量_____,管径_____,管壁_____,弹性_____,所以在切片中静脉壁常_____,管腔形状_____。

9. 毛细血管是血液与_____进行_____的主要场所。

10. 血窦主要分布于_____、_____、_____和某些_____。

11. 心脏壁由_____、_____和_____三层构成,前者又分为_____、_____层。

12. 组成心脏传导系统的细胞有三种:_____、_____和_____。

13. 心脏的传导系统,除_____位于右心房的_____外,其余的_____和_____均分布在_____。

14. 中动脉管壁中膜富含_____,大动脉中膜有40～70层_____。

15. 毛细血管的管壁主要由_____和_____构成,在内皮与基板之间散在分布着一种扁而有突起的细胞称_____,周细胞可增殖分化为_____和_____。

16. 微循环是指从_____到_____之间的血液循环,是血液循环的_____。

三、单项选择题

1. 下列关于连续毛细血管结构特征的描述,错误的是(　　)。
    A. 内皮细胞是连续的
    B. 胞质内含吞饮小泡多
    C. 相邻细胞间有10～20nm的间隙
    D. 内皮间隙常有紧密连接封闭
    E. 内皮基底面有薄层不连续基膜

2. 有孔毛细血管与连续毛细血管的主要区别是(　　)。
    A. 内皮细胞为连续的
    B. 内皮细胞薄,有许多小孔
    C. 基膜薄而连续
    D. 胞质内含吞饮小泡

E. 内皮外周细胞少
3. 下列关于血窦结构特点的描述,错误的是(　　)。
　　A. 腔大壁薄　　　　　B. 形状不规则　　　　　C. 内皮细胞间有较大间隙
　　D. 基膜可为不连续的　E. 内皮细胞有吞噬功能
4. 心脏传导系统是(　　)。
　　A. 交感神经纤维在心内的分支
　　B. 副交感神经纤维在心内的分支
　　C. 肽能神经纤维在心内的分支
　　D. 躯体神经纤维在心内的分支
　　E. 特殊的心肌纤维
5. 连续毛细血管分布于(　　)。
　　A. 胰岛　　　　　　　B. 肾小体　　　　　　　C. 肝脏
　　D. 肌肉　　　　　　　E. 胃肠黏膜
6. 器官(　　)无血窦。
　　A. 淋巴结　　　　　　B. 脾脏　　　　　　　　C. 肝脏
　　D. 肾上腺　　　　　　E. 骨髓
7. 在整个循环管道的管壁内恒定存在的结构是(　　)。
　　A. 内弹性膜　　　　　B. 成纤维细胞　　　　　C. 平滑肌细胞
　　D. 内皮和基膜　　　　E. 内皮
8. 有孔毛细血管分布于(　　)。
　　A. 肺　　　　　　　　B. 结缔组织　　　　　　C. 肌组织
　　D. 中枢神经　　　　　E. 胰岛
9. 毛细血管横断面的一般结构是(　　)。
　　A. 1~2层内皮细胞附在基膜上,基膜外有外膜细胞
　　B. 1~2层内皮细胞附在基膜上,基膜外有周细胞
　　C. 1~3个内皮细胞附在基膜上,基膜与内皮细胞间有周细胞
　　D. 1~3个内皮细胞附在基膜上,外包有卫星细胞
　　E. 内皮细胞和周细胞相间排列,附着于基膜上
10. (　　)的毛细血管无基膜。
　　A. 心肌　　　　　　　B. 肝血窦　　　　　　　C. 胃肠黏膜
　　D. 脾血窦　　　　　　E. 肾血管球
11. 无毛细血管分布的组织是(　　)。
　　A. 骨骼肌　　　　　　B. 软骨组织　　　　　　C. 平滑肌
　　D. 肌腱　　　　　　　E. 韧带

12. 毛细血管丰富的组织是(　　)。
    A. 平滑肌　　　　　　B. 心肌　　　　　　　C. 硬脑膜
    D. 肌腱　　　　　　　E. 骨组织

13. 血管壁的一般结构可分为(　　)。
    A. 内皮、中膜、外膜
    B. 内膜、中膜、外膜
    C. 内弹性膜、中膜、外膜
    D. 内皮、内弹性膜、外膜
    E. 内膜、中膜、外弹性膜

14. 下列关于动脉内弹性膜特征的描述,错误的是(　　)。
    A. 为内膜与中膜的分界
    B. 横断面常呈波浪状
    C. 为胶原蛋白组成
    D. 其上有许多小孔
    E. 中动脉的内弹性膜较发达

15. 中动脉的内膜组成依次为(　　)。
    A. 内皮、内皮下层、内弹性膜
    B. 内皮、内膜下层、内弹性膜
    C. 内皮、内弹性膜、内膜下层
    D. 内皮、内皮下层、内膜下层
    E. 内皮、基膜、内皮下层

16. 下列关于中动脉中膜组成成分的描述,错误的是(　　)。
    A. 平滑肌　　　　　　B. 成纤维细胞　　　　C. 胶原纤维
    D. 弹性纤维　　　　　E. 基质

17. 下列关于大动脉结构特征的描述,错误的是(　　)。
    A. 外膜厚,外弹性膜明显
    B. 内皮下层含平滑肌细胞
    C. 中膜由大量弹性膜和一些平滑肌组成
    D. 内膜与中膜分界不明显
    E. 外膜中有小血管

18. 引起心脏收缩的起搏细胞是(　　)。
    A. 移行细胞　　　　　B. 神经节细胞　　　　C. P细胞
    D. 束细胞　　　　　　E. 外膜细胞

19. 下列关于心外膜的描述,错误的是(　　)。
    A. 被覆在心脏外面　　B. 常含脂肪组织　　　C. 为浆膜

D. 含血管和神经　　　　E. 心包壁层

20. 大动脉中膜内的胶原纤维来自(　　)。
    A. 外膜渗入　　　　B. 间充质细胞　　　　C. 血浆
    D. 平滑肌细胞　　　E. 以上都不对

21. 循环管道的三层结构中,变化最大的是(　　)。
    A. 内皮　　　　　　B. 内皮和基膜　　　　C. 内皮下层
    D. 中膜　　　　　　E. 基膜

22. 下列关于窦房结的描述,错误的是(　　)。
    A. 心脏的起搏点
    B. 主要由移行细胞构成
    C. 位于心外膜深面
    D. 毛细血管丰富
    E. 属于心传导系统

23. 下列关于蒲肯耶纤维的描述,错误的是(　　)。
    A. 组成房室束及其分支
    B. 位于心室壁的心内膜下层
    C. 比心肌细胞细而长
    D. 与心室肌相连
    E. 肌原纤维少

24. 下列关于心房钠尿肽的描述,错误的是(　　)。
    A. 有利钠利尿作用
    B. 有舒张血管和降低血压作用
    C. 由内皮细胞分泌
    D. 右心房分泌的多
    E. 心室也分泌

25. 下列关于中动脉的描述,错误的是(　　)。
    A. 内弹性膜不明显
    B. 中膜无弹性膜
    C. 管径约为 1~10mm
    D. 可调节到各器官的血流量
    E. 又称肌性动脉

26. 下列关于小动脉的描述,正确的是(　　)。
    A. 管径小于 0.3mm　　B. 属于肌性动脉　　　C. 一般有外弹性膜
    D. 与血压的调节无关　E. 三层膜均不完整

27. 下列关于静脉的描述,错误的是(　　)。
    A. 所有的静脉都有静脉瓣
    B. 外膜较厚　　　C. 血容量大于动脉
    D. 管壁薄　　　　E. 管腔不规则

28. 中动脉中膜的主要成分是(　　)。
    A. 胶原纤维　　　B. 弹性纤维　　　C. 网状纤维
    D. 神经纤维　　　E. 平滑肌纤维

29. 毛细血管中具有分化能力的细胞是(　　)。
    A. 周细胞　　　　B. 内皮细胞　　　C. 平滑肌细胞
    D. 成纤维细胞　　E. 以上都不是

30. 中动脉中膜内产生基质和纤维的细胞是(　　)。
    A. 成纤维细胞　　B. 间充质细胞　　C. 内皮细胞
    D. 平滑肌纤维　　E. 以上都不是

31. 血管壁内皮为(　　)。
    A. 单层立方上皮　B. 单层扁平上皮　C. 单层柱状上皮
    D. 复层扁平上皮　E. 变移上皮

32. 被称为外周阻力性动脉的是(　　)。
    A. 微动脉　　　　B. 小动脉和微动脉　C. 中动脉
    D. 大动脉　　　　E. 以上都不是

33. 肝和脾内具有(　　)。
    A. 连续毛细血管　B. 有孔毛细血管　C. 淋巴窦
    D. 血窦　　　　　E. 以上都不是

34. 毛细血管分类的依据为(　　)。
    A. 毛细血管的光镜结构
    B. 内皮细胞的光镜结构
    C. 毛细血管的电镜结构
    D. 内皮细胞的电镜结构
    E. 以上均不是

35. 与动脉相比,静脉不具有(　　)的特点。
    A. 血容量比动脉大
    B. 管壁结构差异较大
    C. 管壁较薄,结缔组织成分较多
    D. 三层膜分界明显
    E. 以上都不是

36. 下列关于心壁结构特点的描述,正确的为(   )。
    A. 心外膜的表面为单层立方上皮
    B. 心房和心室肌相连成为一体
    C. 心内膜和心外膜均属于浆膜
    D. 三层内均含有蒲肯耶纤维
    E. 心肌纤维间的毛细血管丰富
37. 下列管壁三层结构区分最清楚的血管为(   )。
    A. 大动脉   B. 中动脉   C. 小动脉
    D. 微动脉   E. 以上均不是
38. 下列管壁结构最薄的血管为(   )。
    A. 大动脉   B. 毛细血管   C. 中动脉
    D. 微动脉   E. 以上均不是

四、问答题

1. 毛细血管的分类如何,试述各型毛细血管的分布、结构和功能特点。
2. 试述中动脉管壁结构与功能。
3. 联系功能来比较大动脉、中动脉、小动脉及微动脉的管壁结构的异同。

【参考答案】

一、名词解释

1. 心脏传导系统:心壁内含特殊心肌纤维组成的传导系统称为心脏传导系统,包括窦房结、房室结、房室束及其各级分支,其功能是发生冲动并传导到心脏各处,使心房肌和心室肌按一定的节律舒缩。

2. 心内膜:心内膜位于心壁内层,由内皮和内皮下层组成。内皮为单层扁平上皮,与出入心脏的大血管内皮相连续,表面光滑,利于血液流动。内皮下层由结缔组织构成,可分内、外两层:内层薄,含有细密结缔组织和少量的平滑肌;外层为心内膜下层,含有心脏传导系统的分支。

3. 周细胞:在内皮与基板之间散在分布着一种扁而有突起的细胞为周细胞。毛细血管受损时,周细胞可增殖分化为内皮细胞和成纤维细胞。

4. 内弹性膜:在中动脉的横切面上,内膜与中膜交界处有 1~2 层明显的呈波浪状的结构为内弹性膜。内弹性膜主要由弹性蛋白构成,可作为内膜和中膜的分界线。

5. 心瓣膜:心内膜突向心腔形成的薄片状结构,由内皮和结缔组织组成。心瓣膜的功能是阻止血液倒流。

第10章 循环系统

6. 起搏细胞:位于窦房结和房室结中央部位的结缔组织中,比普通心肌纤维小,染色浅,呈梭形或多边形。它是心肌兴奋的起搏点,决定心率的快慢。

7. 血窦:又称窦状毛细血管,其特点为管腔较大,不规则,内皮细胞之间间隙较大,基膜不完整,甚至缺失。它主要分布于肝、脾、骨髓和某些内分泌腺。

二、填空题

1. 心脏　动脉　毛细血管　静脉　淋巴管系统
2. 大动脉　中动脉　小动脉　微动脉
3. 中动脉　小动脉　中　环行平滑肌
4. 大动脉　连续均匀　中　40~70　弹性
5. 小动脉　局部血流量　血压　外周阻力
6. 连续毛细血管　有孔毛细血管　窦状毛细血管
7. 内膜　中膜　外膜　内皮　内皮下层　内弹性膜
8. 多　大　薄　差　塌陷　不规则
9. 周围组织　物质交换
10. 肝　脾　骨髓　内分泌腺
11. 心内膜　心肌膜　心外膜　内皮　内皮下
12. 起搏细胞　移行细胞　蒲肯耶细胞
13. 窦房结　心外膜深部　房室结　房室束及其分支　心内膜下层
14. 平滑肌　弹性膜
15. 内皮　基膜　周细胞　内皮细胞　成纤维细胞
16. 微动脉　微静脉　基本功能单位

三、单项选择题

1. E 2. B 3. E 4. E 5. D 6. A 7. E 8. E 9. C 10. B 11. B 12. B 13. B 14. C 15. A 16. B 17. A 18. C 19. E 20. D 21. D 22. B 23. C 24. C 25. A 26. B 27. A 28. E 29. A 30. D 31. B 32. B 33. D 34. D 35. D 36. E 37. B 38. B

四、问答题

1. 毛细血管的分类如何,试述各型毛细血管的分布、结构和功能特点。

电镜下,毛细血管分为连续毛细血管、有孔毛细血管、血窦(窦状毛细血管)。连续毛细血管:内皮细胞连续,细胞间有紧密连接,胞质内含有许多吞饮小泡,基膜完整。它主要分布于结缔组织、肌组织、肺和中枢神经系统等处。有孔毛细血管:内皮细胞连续,不含核的部分很薄,有许多贯穿细胞全层的小孔,孔上可有隔膜封闭。内皮细胞间有紧密连接,基板完整。它主要分布于胃肠黏膜、某些内分泌腺、肾血管球等处。血窦或称窦状毛细血管:管腔较大,形状不规则,主要分布于肝、脾、骨髓和一些内分泌腺。不同器官内的血窦结构有较大差别:如在某些内分泌腺,血窦内皮细胞有孔,基板连续;肝血窦的内皮细胞有孔,细胞间隙较宽,基板不连续或没有;脾血窦的内皮细胞呈杆状,细胞间的间隙也较大。毛细血管是血液与周围组织进行物质交换的主要场所。

2. 试述中动脉管壁结构与功能。

中动脉的管壁可分为内膜、中膜和外膜。内膜分为:内皮、内皮下层和内弹性膜,内皮为单层扁平上皮,内皮下层较薄,主要由结缔组织构成,中动脉的内弹性膜明显,呈波浪状;中膜:较厚,由10~40层的平滑肌纤维组成;外膜:厚度与中膜接近,主要由疏松结缔组织构成,除含有血管外,还含有神经纤维,较大的中动脉在中膜与外膜的交界处有外弹性膜。中动脉的主要功能为调节各器官的血流量。

3. 联系功能来比较大动脉、中动脉、小动脉及微动脉的管壁结构的异同。

虽然各动脉管壁的厚度相差较大,但是管壁均可分为内膜、中膜和外膜,主要区别表现在中膜的结构,见下表。

	大动脉	中动脉	小动脉	微动脉
分类原则	无名、主、颈总、锁骨下、椎、髂动脉	除大动脉外,解剖学有名称的动脉	直径0.3~1mm	<0.3mm
内膜	内皮下层较厚	内皮下层较薄	内皮下层较薄	内皮下层较薄
内弹性膜	发达,与中膜分界不清	明显	明显	无
中膜	40~70层弹性膜,称弹性动脉	10~40层环形平滑肌,称肌性动脉	3~4层平滑肌	1~2层平滑肌
外弹性膜	不明显	明显	无	无
外膜	较薄	与中膜厚度相当	与中膜厚度相当	较薄
功能	保持动脉血流的连续	调节身体各部和各器官的血流量	调节外周阻力,维持正常血压	

第 11 章　皮肤

【本章重点内容】

1. 皮肤的一般结构；
2. 表皮角质形成细胞的形态结构及功能；
3. 非角质形成细胞的形态结构及功能；
4. 真皮的组织结构。

【各型试题】

一、名词解释

1. 黑素细胞。
2. 皮脂腺。
3. 真皮乳头。

二、填空题

1. 皮肤是由_____和_____组成,前者由_____构成。皮肤借_____与深部组织相连。
2. 表皮中有防御保护作用的结构是_____、_____和_____。
3. 厚表皮由基底层到表面可分出典型的五层结构,为_____、_____、_____、_____和_____。
4. 厚表皮的非角质形成细胞有_____、_____和_____。
5. 朗格汉斯细胞电镜下主要特征,可见胞质内具有_____颗粒,能够捕获和处理_____,参与_____,是一种_____。
6. 毛是表皮的衍生物,由伸到皮肤外的_____和埋在皮肤内的_____构成。
7. 毛根外包_____,下端彭大称_____,其底面有_____突入其中形成_____,内含丰富的_____和_____。

8. 皮脂腺多位于_____和_____之间,为_____,腺泡的周边部是一层较小的_____,腺泡中心细胞较大,胞质中充满_____。

9. 位于皮肤表皮下方的真皮分为_____和_____。

10. 表皮细胞可分为两大类,分别为_____和_____。

三、单项选择题

1. 下列关于表皮颗粒层细胞结构特征的描述,错误的是(　　)。
   A. 由3~5层梭形细胞组成
   B. 细胞质内含有许多嗜碱性透明角质颗粒
   C. 细胞核、细胞器已经全部消失
   D. 胞质内有许多板层颗粒
   E. 透明角质颗粒无膜包被

2. 下列关于表皮棘细胞层结构特征的描述,错误的是(　　)。
   A. 细胞大呈多边形
   B. 表面有许多棘状突起
   C. 含有大小不一的透明角质颗粒
   D. 胞质内含有卵圆形的板层颗粒
   E. 相邻细胞的突起以桥粒相连接

3. 厚表皮从基底向表层依次为(　　)。
   A. 棘层、透明层、颗粒层和角质层
   B. 基底层、棘层、颗粒层、透明层和角质层
   C. 基底层、棘层、透明层和角质层
   D. 基底层、棘层、透明层、颗粒层和角质层
   E. 基底层、颗粒层、棘层、透明层和角质层

4. 下列关于表皮基底层细胞特征的描述,错误的是(　　)。
   A. 基底层细胞为一层紧贴基膜的矮柱状细胞
   B. 胞质内有张力丝束和板层颗粒
   C. 胞质内有较多的黑素颗粒
   D. 细胞分裂能力很强
   E. 与基膜有半桥粒相连

5. 下列关于皮肤结构特征的描述,错误的是(　　)。
   A. 由表皮和真皮组成
   B. 真皮的乳头层含有丰富的毛细血管与游离神经末梢
   C. 含有由真皮衍生的皮脂腺和汗腺

D. 真皮浅层为乳头层,深层为网织层
E. 网织层由粗大胶原纤维束和弹性纤维组成

6. 组成表皮的两类细胞为（　　）。
   A. 角蛋白细胞和黑素细胞
   B. 角蛋白形成细胞和梅克尔细胞
   C. 朗格汉斯细胞和角蛋白细胞
   D. 角蛋白形成细胞和非角蛋白形成细胞
   E. 黑素细胞和角蛋白形成细胞

7. 触觉小体位于（　　）。
   A. 表皮　　　　　　B. 真皮乳头层　　　　　C. 真皮网织层
   D. 皮下组织　　　　E. 以上都不是

8. 毛发的生长点是（　　）。
   A. 毛乳头　　　　　B. 毛球　　　　　　　　C. 毛根
   D. 毛囊　　　　　　E. 表皮基底层

9. 下列关于毛乳头的描述,错误的是（　　）。
   A. 毛球底面向内凹陷形成
   B. 结缔组织
   C. 富有血管和神经
   D. 含黑素细胞
   E. 对毛的生长起诱导作用

10. 胞质内充满角蛋白的细胞是（　　）。
    A. 角质细胞　　　　B. 基底细胞　　　　　　C. 朗格汉斯细胞
    D. 黑素细胞　　　　E. 棘细胞

11. 胞质内无核和细胞器的细胞是（　　）。
    A. 角质细胞　　　　B. 基底细胞　　　　　　C. 朗格汉斯细胞
    D. 黑素细胞　　　　E. 棘细胞

12. 胞质内含有黑素体的细胞是（　　）。
    A. 角质细胞　　　　B. 基底细胞　　　　　　C. 朗格汉斯细胞
    D. 黑素细胞　　　　E. 棘细胞

13. 朗格汉斯细胞内所特有的结构是（　　）。
    A. 黑素体　　　　　B. 透明角质颗粒　　　　C. 膜被颗粒
    D. 伯贝克颗粒　　　E. 角蛋白丝

14. 对皮肤颜色有决定作用的是（　　）。
    A. 黑素体　　　　　B. 透明角质颗粒　　　　C. 膜被颗粒
    D. 伯贝克颗粒　　　E. 角蛋白丝

15. HE 染色呈嗜碱性的结构是(　　)。
    A. 黑素体　　　　　　B. 透明角质颗粒　　　　C. 膜被颗粒
    D. 伯贝克颗粒　　　　E. 角蛋白丝
16. 不能在表皮内找到的结构为(　　)。
    A. 汗腺导管开口　　　B. 少量皮脂腺开口　　　C. 游离神经末梢
    D. 触觉小体　　　　　E. 感觉细胞
17. 下列关于表皮角质层特征的描述,错误的是(　　)。
    A. 细胞已经完全死亡　B. 仍可见细胞核　　　　C. 细胞轮廓不清
    D. 细胞膜增厚　　　　E. 细胞内充满角蛋白丝
18. 下列关于毛囊特征的描述,错误的是(　　)。
    A. 为包裹毛根的一管状鞘
    B. 内层为上皮根鞘
    C. 外层为神经纤维鞘
    D. 一侧有立毛肌附着
    E. 以上都不对
19. 与厚皮相比,薄皮少了(　　)。
    A. 透明层和颗粒层　　B. 角质层　　　　　　　C. 棘层
    D. 基底层　　　　　　E. 以上均不是
20. 下列关于梅克尔细胞的描述,错误的是(　　)。
    A. 属非角质细胞　　　B. 数量较多　　　　　　C. 位于基底细胞之间
    D. 具有感觉功能　　　E. 以上都不是
21. 皮肤表皮的上皮属于(　　)。
    A. 单层扁平上皮　　　B. 单层立方上皮　　　　C. 单层柱状上皮
    D. 复层扁平上皮　　　E. 变移上皮
22. 皮肤表皮内具有增殖能力的部分为(　　)。
    A. 角化层　　　　　　B. 透明层　　　　　　　C. 颗粒层
    D. 棘细胞层　　　　　E. 基底层
23. 无膜包裹的颗粒是(　　)。
    A. 黑素颗粒　　　　　B. 板层颗粒　　　　　　C. 伯贝克颗粒
    D. 透明角质颗粒　　　E. 以上都不是
24. 决定皮肤颜色的重要因素为(　　)。
    A. 角化层的厚度　　　B. 颗粒层的厚度　　　　C. 黑素细胞的多少
    D. 黑素颗粒含量多少及其分布　　　　　　　　E. 以上都不是
25. 环层小体位于(　　)。
    A. 皮肤表皮　　　　　B. 皮肤真皮乳头层　　　C. 皮肤真皮网状层

D. 皮下组织　　　　　　E. 以上均不是
26. 可产生黑素的细胞是(　　)。
    A. 基底层细胞　　　　B. 棘层细胞　　　　C. 黑素细胞
    D. 朗格汉斯细胞　　　E. 梅克尔细胞
27. 属于抗原提呈细胞的是(　　)。
    A. 基底层细胞　　　　B. 棘层细胞　　　　C. 黑素细胞
    D. 朗格汉斯细胞　　　E. 梅克尔细胞
28. 含有较多的透明角质颗粒的皮肤表皮细胞为(　　)。
    A. 角化细胞　　　　　B. 透明层细胞　　　C. 颗粒层细胞
    D. 棘细胞　　　　　　E. 基底层细胞

四、问答题

1. 概述毛的结构和功能。
2. 试述表皮的分层及其与表皮角化形成的关系。
3. 论述皮肤附属器的结构与功能。

【参考答案】

一、名词解释

1. 黑素细胞：是生成黑色素的细胞。细胞体多分散在基底细胞之间，其突起伸入基底细胞和棘细胞之间。它的主要功能为吸收紫外线和决定肤色。
2. 皮脂腺：除手掌、足底和足侧部外，其余部位皮肤均有皮脂腺。在有毛皮，它们位于毛囊和立毛肌之间；在无毛皮，位于真皮浅层。皮脂腺为泡状腺。皮脂腺导管短而粗，开口于毛囊或皮肤表面。皮脂腺的分泌受性激素调节，分泌皮脂，润滑皮肤。
3. 真皮乳头：紧靠表皮薄层较致密的结缔组织向表皮突出形成乳头状，称真皮乳头。真皮乳头使得表皮与真皮的连接面扩大，连接更加牢固。真皮乳头内含有丰富的毛细血管，有利于表皮获得营养。

二、填空题

1. 表皮　真皮　角化的复层扁平上皮　皮下组织
2. 表皮角质层　黑素细胞　朗格汉斯细胞
3. 基底层　棘层　颗粒层　透明层　角质层
4. 黑素细胞　朗格汉斯细胞　梅克尔细胞
5. 伯贝克(Birbeck)　抗原　免疫应答　抗原提呈细胞

6. 毛干　毛根

7. 毛囊　毛球　结缔组织　毛乳头　毛细血管　神经末梢

8. 毛囊　立毛肌　泡状腺　干细胞　脂滴

9. 乳头层　网织层

10. 角质形成细胞　非角质形成细胞

三、单项选择题

1．C　2．C　3．B　4．B　5．C　6．D　7．B　8．B　9．D　10．A　11．A　12．D　13．D　14．A　15．B　16．D　17．B　18．C　19．A　20．B　21．D　22．E　23．D　24．D　25．C　26．C　27．D　28．C

四、问答题

1．概述毛的结构和功能。

毛分为毛干、毛根和毛球三部分。露在皮肤外的为毛干,埋在皮肤内的为毛根,包在毛根外的鞘状结构为毛囊,毛囊是由上皮和结缔组织共同构成的鞘状结构,结缔组织性鞘包绕在上皮性鞘的外周,由致密结缔组织构成。毛根和毛囊下端融合并膨大共同形成毛球。毛球底部有结缔组织伸入形成毛乳头。毛根与皮肤表面呈钝角的一侧有一束平滑肌称立毛肌。毛发能帮助调节体温,同时也是触觉器官。

2．试述表皮的分层及其与表皮角化形成的关系。

表皮为皮肤的浅层,由角化的复层扁平上皮构成,由里及表分为基底层、棘层、颗粒层、透明层和角质层。

基底层:是由一层矮柱状细胞(基底细胞)组成。由于胞质内游离核糖体丰富故胞质染色嗜碱性,细胞内还含有成束的角蛋白丝,又称张力丝。基底细胞与相邻细胞间以桥粒相连,与基膜以半桥粒相连。基底细胞是表皮的干细胞,有很强的增殖、分裂能力。

棘层:由4~10层体积较大的多边形细胞组成,细胞表面有很多棘状突起,称棘细胞,相邻的棘细胞的突起借桥粒相连。胞质弱嗜碱性,与含较多游离核糖体有关。具有旺盛的合成蛋白质的功能。细胞内除含丰富的角蛋白丝束外,还有一种含脂质的膜被分泌颗粒,称板层颗粒。板层颗粒可阻止外界物质,尤其是水透过表皮,还能防止组织液外渗。

颗粒层:由3~5层较扁的梭形细胞组成。此层细胞的核与细胞器已开始退化,细胞间界限不清。胞质内板层颗粒增多,还出现许多强嗜碱性、大小不等、无被膜包裹的透明角质颗粒。

透明层:由2~3层扁平细胞组成。此层细胞的核与细胞器已消失,细胞界限不清。HE染色呈强嗜酸性透明均质状,折光度高。

角质层:由多层扁平半透明已死亡的细胞组成。细胞已完全角化,无核和细胞器,胞质内充满密集的角质蛋白丝束及均质状物质。此层最浅表的细胞间桥粒连接消失,细胞可脱落形成皮屑。

3. 论述皮肤附属器的结构与功能。

皮肤的附属器包括毛、皮脂腺、汗腺和指(趾)甲等。

毛：毛分为毛干、毛根和毛球三部分。露在皮肤外的为毛干，埋在皮肤内的为毛根，包在毛根外的鞘状结构为毛囊，毛囊是由上皮和结缔组织共同构成的鞘状结构，结缔组织性鞘包绕在上皮性鞘的外周，由致密结缔组织构成。毛根和毛囊下端融合并膨大共同形成毛球。毛球底部有结缔组织伸入形成毛乳头。毛根与皮肤表面呈钝角的一侧有一束平滑肌称立毛肌。毛发能帮助调节体温，同时也是触觉器官。

皮脂腺：除手掌、足底和足侧部外，其余部位皮肤均有皮脂腺。在有毛皮，它们位于毛囊和立毛肌之间，在无毛皮，位于真皮浅层。皮脂腺为泡状腺，包括分泌部和导管。皮脂腺导管短而粗，开口于毛囊或皮肤表面。皮脂腺的分泌受性激素调节，可分泌皮脂，润泽皮肤和毛发。

汗腺：又称外分泌腺，遍布全身皮肤内，为单曲管状腺，分泌部由一层锥体形或立方形上皮细胞构成，基膜明显，在腺细胞与基膜之间有肌上皮细胞。汗腺分泌是机体散热的主要方式，能调节体温、湿润皮肤、排泄废物。

大汗腺：又称顶泌汗腺，主要分布于腋窝、乳晕、阴部等处。分泌部腺细胞为立方或低柱状，分泌液较黏稠。由于腺体的分泌物中含蛋白质、脂类和糖类，经细菌分解后会产生特别的气味，其分泌受性激素的影响。

指(趾)甲：是覆盖在手指和脚趾末节背面起保护作用的角质片甲体，主要包括甲体、甲根、甲床、甲襞、甲沟和甲母质。它主要起保护作用。

第 12 章　免疫系统

【本章重点内容】

1. T 细胞、B 细胞的来源及功能；
2. 胸腺小体，血－胸腺屏障的结构组成；
3. 淋巴结皮质的结构特点（淋巴小结、副皮质区、毛细血管后微静脉）；
4. 脾白髓的结构特点（脾小结、动脉周围淋巴鞘、边缘区）、脾血窦。

【各型试题】

一、名词解释

1. 胸腺小体。
2. 血－胸腺屏障。
3. 边缘区。
4. 淋巴小结。
5. 动脉周围淋巴鞘。
6. 副皮质区。

二、填空题

1. 脾的表面为_____，实质可分_____和_____。其中前者由_____和_____构成，后者由_____和_____构成。
2. 脾的功能包括_____、_____、_____、_____。
3. T 细胞分为三个亚群，即_____、_____、_____。
4. 免疫细胞包括_____、_____、_____、_____和_____等。
5. 胸腺上皮细胞能分泌_____和_____。

6. _____是免疫系统的基本成分,其免疫应答方式为_____和_____。
7. 淋巴细胞分三种类型:即_____、_____和_____。
8. 淋巴组织有两种形态:即_____和_____。
9. 淋巴结表面为_____,实质可分为_____和_____两部分。
10. 淋巴结的皮质位于被膜下方,有_____、_____及_____构成。

三、单项选择题

1. 脾实质分为( )。
   A. 皮质与髓质　　　　B. 白髓与红髓　　　　C. 白髓、边缘区和红髓
   D. 脾小体与边缘区　　E. 脾小体与脾索
2. 血液内淋巴细胞进入淋巴组织的通道有( )。
   A. 毛细血管后微静脉　B. 淋巴窦　　　　　　C. 脾窦
   D. 边缘窦　　　　　　E. 动脉周围淋巴鞘
3. 淋巴结的毛细血管后微静脉位于( )。
   A. 淋巴小结　　　　　B. 髓索　　　　　　　C. 小梁
   D. 副皮质区　　　　　E. 髓窦
4. 脾脏内T淋巴细胞主要分布于( )。
   A. 脾小梁　　　　　　B. 淋巴小结　　　　　C. 脾窦
   D. 脾索　　　　　　　E. 动脉周围淋巴鞘
5. 脾脏内B淋巴细胞主要分布于( )。
   A. 脾索与淋巴小结　　B. 脾窦　　　　　　　C. 动脉周围淋巴鞘
   D. 脾小梁的结缔组织　E. 被膜
6. 具有吞噬能力的细胞是( )。
   A. 淋巴细胞　　　　　B. 嗜酸性细胞　　　　C. 肥大细胞
   D. 中性粒细胞　　　　E. 单核细胞
7. 脾的胸腺依赖区是( )。
   A. 脾小体　　　　　　B. 边缘区　　　　　　C. 动脉周围淋巴鞘
   D. 脾索　　　　　　　E. 脾小梁
8. 脾白髓包括( )。
   A. 脾小体和脾窦　　　B. 脾小体和脾索　　　C. 脾索和边缘区
   D. 脾小体和动脉周围淋巴鞘　　E. 脾小体、边缘区和动脉周围淋巴鞘
9. 淋巴结内含B细胞的主要区域是( )。
   A. 被膜与小梁　　　　B. 深层皮质区　　　　C. 淋巴小结
   D. 皮质淋巴窦　　　　E. 髓窦

10. 胸腺髓质最显著的特征性结构为(　　)。
    A. 毛细血管后微静脉　　B. 胸腺小体　　　　　C. 血-胸腺屏障
    D. 胸腺上皮细胞数量较少　　E. 小叶髓质相互延续
11. 淋巴结的胸腺依赖区是指(　　)。
    A. 淋巴小结的生发中心之明区
    B. 小结帽
    C. 浅层皮质
    D. 深层皮质的大片弥散淋巴组织
    E. 淋巴小结的生发中心之暗区
12. 胸腺可产生(　　)。
    A. 浆细胞　　　　　B. 巨噬细胞　　　　　C. 交错突细胞
    D. T细胞　　　　　E. B细胞
13. 淋巴结内B淋巴细胞主要分布于(　　)。
    A. 髓索与淋巴小结　　B. 髓窦　　　　　C. 深层皮质
    D. 被膜下窦　　　　　E. 小梁动静脉周围淋巴组织中
14. 淋巴结内T淋巴细胞主要分布于(　　)。
    A. 深层皮质　　　　　B. 髓索　　　　　C. 髓窦
    D. 小梁　　　　　　　E. 被膜
15. 动脉周围淋巴鞘存在于(　　)。
    A. 淋巴结　　　　　B. 脾脏　　　　　C. 胸腺
    D. 腭扁桃体　　　　E. 鸟类腔上囊
16. 下列细胞除(　　)外都是胸腺内所含的细胞。
    A. 胸腺细胞　　　　B. 上皮性网状细胞　　　C. 巨噬细胞
    D. 浆细胞　　　　　E. 干细胞
17. 脾首先接触抗原引起免疫应答的重要部位是(　　)。
    A. 脾窦　　　　　B. 脾索　　　　　C. 动脉周围淋巴鞘
    D. 脾小体　　　　E. 边缘区
18. 脾窦的结构是(　　)。
    A. 扁平有孔内皮,外有基膜
    B. 扁平有孔内皮,外无基膜
    C. 长杆状内皮,外有基膜
    D. 长杆状内皮,外无基膜
    E. 长杆状内皮,外有不完整基膜
19. 下列细胞除(　　)外都是脾窦内所含的细胞。
    A. 淋巴细胞　　　　　B. 红细胞　　　　　C. 粒细胞

D. 单核细胞　　　　　E. 网状细胞
20. 脾首先接触抗原并引起免疫应答的部位是(　　)。
    A. 脾窦　　　　　　B. 红髓　　　　　　C. 脾小体
    D. 动脉周围淋巴鞘　E. 边缘区
21. 血窦存在于(　　)。
    A. 肾　　　　　　　B. 胃底　　　　　　C. 脾
    D. 淋巴结　　　　　E. 肺
22. 具有哈氏(胸腺)小体的器官是(　　)。
    A. 甲状腺　　　　　B. 垂体　　　　　　C. 淋巴结
    D. 脾　　　　　　　E. 胸腺
23. 血-胸腺屏障是指(　　)。
    A. 毛细血管后微静脉与其周围结构具有屏障作用
    B. 皮质的毛细血管与其周围结构具有屏障作用
    C. 髓质毛细血管与其周围结构具有屏障作用
    D. 皮质髓质交界处毛细血管与其周围结构具有屏障作用
    E. 副皮质区的毛细血管与其周围结构具有屏障作用

四、问答题

1. 试述淋巴结浅层皮质的结构。
2. 试述脾白髓的结构特点。
3. 试述脾的血液循环特点和功能意义。
4. 试比较淋巴结和脾在结构和功能方面的异同。
5. 试述T细胞在胸腺内的成熟过程。

【参考答案】

一、名词解释

1. 胸腺小体：分布于胸腺髓质，呈圆形、大小不等。其由数层胸腺小体上皮细胞围成。外层细胞核呈新月形，细胞质嗜酸性，细胞间有桥粒；小体中心细胞退化解体，结构不清。胸腺小体的功能不清楚。

2. 血-胸腺屏障：为血液与胸腺皮质间的屏障结构，由以下五层组成：① 连续毛细血管内皮；② 内皮外完整的基板；③ 血管周间隙，内含巨噬细胞、周细胞、组织液等；④ 胸腺上皮细胞基板；⑤ 连续的胸腺上皮细胞。该结构使血液中的大分子物质很难与胸腺细胞接触，故不引起直接的免疫反应。

3. 边缘区:为白髓向红髓移行的区域。结构疏松,含有大量的巨噬细胞和一些 T、B 细胞,以 B 细胞较多。该区具有很强的吞噬过滤作用。

4. 淋巴小结:主要是由 B 细胞聚集而成的球状结构。功能活跃的淋巴小结中心浅染,称生发中心。生发中心可分为暗区和明区,其内侧部分聚集着大淋巴细胞,为暗区;其外侧部分聚集着中等淋巴细胞等,为明区;其周边为小淋巴细胞,而且近被膜侧的小淋巴细胞常聚集成帽状,称小结帽。

5. 动脉周围淋巴鞘:由位于中央动脉周围的淋巴组织构成,主要为 T 细胞,属于胸腺依赖区,同时含有巨噬细胞等。

6. 副皮质区:又称胸腺依赖区,位于皮、髓质交接处,主要由 T 细胞组成。此区有毛细血管后微静脉通过,此处是血液内淋巴细胞进入淋巴组织的重要通道。

二、填空题

1. 被膜　白髓　红髓　脾小体　动脉周围淋巴鞘　脾索　脾窦
2. 储血　造血　滤血　免疫应答
3. 细胞毒性 T 细胞　辅助性 T 细胞　抑制性 T 细胞
4. 淋巴细胞　巨噬细胞　抗原提呈细胞　浆细胞　粒细胞　肥大细胞
5. 胸腺素　胸腺生成素
6. 淋巴细胞　细胞免疫　体液免疫
7. T 细胞　B 细胞　NK 细胞
8. 弥散淋巴组织　淋巴小结
9. 被膜　皮质　髓质
10. 浅层皮质　副皮质区　皮质淋巴窦

三、单项选择题

1. C　2. A　3. D　4. E　5. A　6. D　7. C　8. E　9. C　10. B　11. D　12. D　13. A　14. A　15. B　16. D　17. E　18. D　19. E　20. E　21. C　22. E　23. B

四、问答题

1. 试述淋巴结浅层皮质的结构。

浅层皮质是临近淋巴结被膜处的淋巴组织,主要含 B 细胞。当受到抗原刺激后,可出现大量的、由 B 细胞聚集而成的球状淋巴小结。功能活跃的淋巴小结中心浅染,称生发中心。生发中心内侧部分聚集着大量的大淋巴细胞,染色深,为暗区。其外侧部分为中等淋巴细胞,此区染色较浅,为明区。淋巴小结周边,而且近被膜侧为小淋巴细胞,它们常聚集成帽状结构,称小结帽。同时淋巴小结内含较多的巨噬细胞。

2. 试述脾白髓的结构特点。

脾的白髓散在分布于脾实质。新鲜的脾切面,呈大小不等的灰白色小点状。白髓由密集的淋巴组织构成,沿中央动脉周围分布,又可分为脾小结和动脉周围淋巴鞘。脾小结即淋巴小结,位于动脉周围淋巴鞘与边缘区之间,大部嵌入动脉周围淋巴鞘内。其结构与淋巴结的淋巴小结相同,主要为 B 细胞,常有生发中心,同时含有巨噬细胞等。动脉周围淋巴鞘是中央动脉周围的淋巴组织,主要为 T 细胞,属于胸腺依赖区,同时含有巨噬细胞等。

3. 试述脾的血液循环特点和功能意义。

脾的血液循环有两个特点:① 开放式;② 脾血窦通透性高。脾动脉在脾门入脾后,不断分支,形成小梁动脉、中央动脉和笔毛微动脉,最后大量血液呈开放式流进脾索。经过脾索和边缘区进行过滤,在脾白髓进行免疫应答,然后脾索内的血细胞经血窦内皮细胞之间的间隙进入血窦。血窦汇入小梁静脉,再汇合为脾静脉,离开脾。功能意义:脾血液循环的这一特点,为脾有效的过滤血液提供了结构基础。

4. 试比较淋巴结和脾在结构和功能方面的异同。

在结构方面的异同:

① 相同:都由被膜和实质构成,实质内都有淋巴小结。

② 不同:淋巴结的实质分为皮质和髓质。皮质由浅层皮质、副皮质区和皮质淋巴窦组成,副皮质区为 T 细胞聚集区,髓质由髓索和髓窦组成。脾的实质分为白髓和红髓。白髓由动脉周围淋巴鞘、淋巴小结和边缘区组成,动脉周围淋巴鞘为 T 细胞聚集区,红髓由脾索和脾血窦组成。

在功能方面的异同:

① 相同:都属于外周淋巴器官,均可产生淋巴细胞,进行免疫应答。

② 不同:淋巴结过滤淋巴,脾过滤血液和造血。

5. 试述 T 细胞在胸腺内的成熟过程。

淋巴性造血干细胞在胸腺皮质和髓质交界处经血液进入胸腺,然后迁移至被膜下区发育成为体积较大、有强烈分裂能力的早期胸腺细胞群。这些细胞在胸腺微环境中不断发育成熟,形成初始 T 细胞,同时不断向皮质深部移动。其发育成熟的方式有两种:① 各类胸腺上皮细胞与发育中的胸腺细胞直接接触,相互作用。② 胸腺上皮细胞分泌胸腺素和胸腺生成素,促进胸腺细胞的发育成熟。在发育过程中,约 95% 的胸腺细胞与机体自身抗原发生反应而凋亡,被巨噬细胞清除,仅有 5% 发育成熟。成熟的初始 T 细胞经血管和淋巴管离开胸腺,到达外周淋巴器官和淋巴组织的胸腺依赖区执行细胞免疫应答。

第13章 内分泌系统

【本章重点内容】

1. 掌握甲状腺的结构和功能；
2. 掌握肾上腺的结构和功能；
3. 掌握脑垂体的结构及其所分泌的激素。

【各型试题】

一、名词解释

1. 旁分泌。
2. 靶器官。
3. 嗜铬细胞。
4. 垂体门脉系统。

二、填空题

1. 甲状腺滤泡由_____围成,滤泡腔内含有_____。
2. _____细胞合成和分泌甲状腺激素,_____细胞分泌降钙素。
3. 肾上腺皮质从外向内分三带:____带,分泌_____;____带,分泌_____;____带,主要分泌_____。
4. 肾上腺髓质细胞又称为_____细胞,分泌_____和_____。
5. 腺垂体远侧部嗜酸性细胞分泌_____和_____。
6. 促肾上腺皮质激素由_____细胞分泌,该激素可促进肾上腺皮质_____细胞分泌_____。
7. 视上核神经内分泌细胞合成_____,又称_____,主要作用肾_____小管和集合管重吸收_____。室旁核主要合成_____。
8. 甲状腺的功能受垂体远侧部_____细胞分泌的_____调控。

9. 内分泌细胞根据其分泌物的类型可分为_____激素细胞和_____激素细胞两种。

10. 垂体由_____和_____两部分组成。

11. 下丘脑通过所产生的_____和_____,经垂体门脉系统,调节腺垂体内各种细胞的分泌活动。

三、单项选择题

1. 盐皮质激素由(　　)分泌。
   A. 肾上腺球状带　　　　B. 肾上腺网状带　　　　C. 肾上腺束状带
   D. 垂体结节部　　　　　E. 垂体中间部

2. 糖皮质激素的分泌处是(　　)。
   A. 垂体结节部　　　　　B. 肾上腺束状带　　　　C. 肾上腺网状带
   D. 肾上腺球状带　　　　E. 垂体中间部

3. 胞质内含有嗜铬颗粒的细胞是(　　)。
   A. 肾上腺皮质细胞　　　B. 促肾上腺皮质激素细胞　C. 肾上腺髓质细胞
   D. 催乳激素细胞　　　　E. 交感神经节细胞

4. 分泌生长激素的是(　　)。
   A. 垂体远侧部　　　　　B. 视上核　　　　　　　C. 垂体神经部
   D. 室旁核　　　　　　　E. 弓状核

5. 肢端肥大症是由垂体(　　)分泌过盛引起的。
   A. 垂体细胞　　　　　　B. 嗜碱性细胞　　　　　C. 嗜酸性细胞
   D. 嫌色细胞　　　　　　E. 中间部嗜碱性细胞

6. 腺垂体可分为(　　)。
   A. 前叶和后叶　　　　　B. 远侧部、结节部和中间部　C. 前叶和漏斗部
   D. 远侧部、中间部和漏斗　E. 前叶、中间部和正中隆起

7. 垂体细胞是(　　)。
   A. 神经元　　　　　　　B. 内分泌细胞　　　　　C. 神经内分泌细胞
   D. 神经胶质细胞　　　　E. 上皮细胞

8. 不属于内分泌腺的器官是(　　)。
   A. 甲状腺　　　　　　　B. 肾上腺　　　　　　　C. 甲状旁腺
   D. 脑垂体　　　　　　　E. 胸腺

9. 分泌甲状旁腺激素的细胞是(　　)。
   A. 主细胞　　　　　　　B. 嗜碱性细胞　　　　　C. 滤泡旁细胞
   D. 嗜铬细胞　　　　　　E. 嗜酸性细胞

10. 分泌促肾上腺皮质激素的细胞是(　　)。
    A. 肾上腺球状带细胞
    B. 肾上腺束状带细胞
    C. 肾上腺网状带细胞
    D. 垂体远侧部嗜酸性细胞
    E. 垂体远侧部嗜碱性细胞
11. 垂体远侧部腺细胞主要受(　　)调节。
    A. 下丘脑视上核分泌的激素
    B. 下丘脑室旁核分泌的激素
    C. 下丘脑弓状核分泌的激素
    D. 神经垂体分泌的激素
    E. 结节部分泌的激素
12. 抗利尿激素合成于(　　)。
    A. 下丘脑弓状核　　　B. 下丘脑结节部　　　C. 下丘脑视上核和室旁核
    D. 下丘脑视上核　　　E. 下丘脑室旁核
13. 女性机体内能产生雄激素的细胞是(　　)。
    A. 肾间质细胞　　　B. 胰岛细胞　　　C. 肾上腺网状带细胞
    D. 肾上腺束状带细胞　　E. 垂体嗜酸性细胞
14. 滤泡旁细胞可分泌(　　)。
    A. 松弛素　　　B. 催乳素　　　C. 生长素
    D. 降钙素　　　E. 促脂素
15. 下丘脑神经内分泌细胞分泌的激素不含有(　　)。
    A. 加压素　　　B. 催产素　　　C. 催乳激素
    D. 释放抑制激素　　E. 释放激素
16. 垂体的 Herring body 是(　　)。
    A. 垂体细胞的分泌物
    B. 下丘脑弓状核的分泌物
    C. 下丘脑神经核的分泌物
    D. 垂体中间部的分泌物
    E. 垂体结节部的分泌物
17. Herring body 含有(　　)。
    A. 卵泡刺激素　　　B. 抗利尿激素　　　C. 黄体生成素
    D. 促甲状腺激素　　E. 生长激素
18. 不属于腺垂体远侧部的结构是(　　)。
    A. 嗜酸性细胞　　　B. 嗜碱性细胞　　　C. 赫令体

D. 嫌色细胞　　　　　E. 窦状毛细血管

19. 分泌生长激素的细胞是(　　)。
    A. 垂体远侧部嗜酸性细胞
    B. 垂体远侧部嗜碱性细胞
    C. 下丘脑视上核细胞
    D. 下丘脑室旁核细胞
    E. 胰岛 D 细胞

20. 催产素释放入血的部位是(　　)。
    A. 子宫　　　　　　B. 卵巢　　　　　　C. 神经垂体
    D. 腺垂体　　　　　E. 下丘脑

21. 视上核产生的激素经(　　)到达神经垂体。
    A. 神经元的轴突　　B. 垂体门脉系统　　C. 毛细淋巴管
    D. 毛细血管后微静脉　E. 垂体门微静脉

22. 下丘脑产生的释放激素及释放抑制激素经过(　　)进入腺垂体。
    A. 毛细血管后微静脉　B. 赫令体　　　　　C. 下丘脑
    D. 无髓神经纤维　　E. 垂体门微静脉

23. 下列关于脑垂体神经部结构成分的描述,错误的是(　　)。
    A. 内分泌神经元　　B. 垂体细胞　　　　C. 无髓神经纤维
    D. 丰富的毛细血管网　E. 赫令体

24. 肾上腺盐皮质激素作用于肾脏的(　　)。
    A. 近端小管曲部　　B. 近端小管直部　　C. 细段
    D. 远端小管曲部　　E. 远端小管直部

25. 神经垂体的功能是(　　)。
    A. 合成激素
    B. 调节脑垂体的活动
    C. 储存和释放下丘脑激素的场所
    D. 受下丘脑分泌物的调节
    E. 分泌黑素细胞刺激素

26. 可分泌卵泡刺激素的细胞是(　　)。
    A. 细胞滋养层细胞　B. 合体滋养层细胞　C. 颗粒黄体细胞
    D. 膜黄体细胞　　　E. 促性腺激素细胞

27. 能分泌降钙素的细胞是(　　)。
    A. 甲状腺滤泡上皮细胞
    B. 滤泡旁细胞
    C. 甲状旁腺主细胞

D. 甲状旁腺嗜酸性细胞

E. 嗜铬细胞

28. 下列关于内分泌腺的描述,不正确的是(　　)。

    A. 为无管腺

    B. 腺细胞排列成索状、团状或围成滤泡

    C. 腺细胞之间有丰富的毛细血管网

    D. 腺细胞的分泌物称为激素

    E. 所有的内分泌细胞都存在于内分泌腺中

29. 抗利尿激素从(　　)释放入血。

    A. 视上核　　　　　B. 室旁核　　　　　C. 垂体神经部

    D. 垂体远侧部　　　E. 近血管球细胞

30. 垂体门脉系统的第二级毛细血管网位于(　　)。

    A. 中间部　　　　　B. 远侧部　　　　　C. 神经部

    D. 正中隆起　　　　E. 结节部

31. 下列关于甲状腺结构特征的描述,错误的是(　　)。

    A. 由滤泡上皮组成滤泡状结构

    B. 滤泡内含胶状物

    C. 细胞粗面内质网丰富

    D. 胞质内含分泌颗粒

    E. 上皮的高低与功能状态无关

32. 下列关于甲状腺素合成、分泌的描述,错误的是(　　)。

    A. 滤泡上皮细胞自血中摄取氨基酸

    B. 在滤泡上皮细胞内摄入的碘与甲状腺球蛋白结合

    C. 在粗面内质网和高尔基复合体合成加工

    D. 分泌颗粒以胞吐方式入滤泡腔储存

    E. 释放入血的是经溶酶体水解的甲状腺素

33. 下列关于甲状旁腺的描述,错误的是(　　)。

    A. 腺细胞分为主细胞和嗜酸性细胞

    B. 嗜酸性细胞体积大,胞质嗜酸性,核小,染色深

    C. 主细胞分泌的激素属肽类激素

    D. 分泌的激素参与血钙浓度调节

    E. 嗜酸性细胞随年龄增长而减少

34. 甲状旁腺激素能促进(　　)的功能活动。

    A. 成骨细胞　　　　B. 间充质细胞　　　C. 骨细胞

    D. 软骨细胞　　　　E. 骨祖细胞

四、问答题

1. 简述甲状腺滤泡上皮细胞的结构和功能。
2. 试述腺垂体远侧部的结构和功能。
3. 试述下丘脑与神经垂体、腺垂体的关系。
4. 试述肾上腺皮质的结构和功能。

【参考答案】

一、名词解释

1. 旁分泌：少部分内分泌细胞的激素可直接作用于邻近的细胞，称旁分泌。
2. 靶器官：每种激素作用的特定器官，称为该种激素的靶器官。
3. 嗜铬细胞：肾上腺髓质细胞用含铬盐的固定液固定标本，胞质内可见黄褐色的嗜铬颗粒，髓质细胞又称为嗜铬细胞。
4. 垂体门脉系统：垂体门微静脉及其两端的毛细血管网共同组成垂体门脉系统。

二、填空题

1. 滤泡上皮细胞　胶质
2. 滤泡上皮　滤泡旁
3. 球状　盐皮质激素　束状　糖皮质激素　网状　雄激素
4. 嗜铬　肾上腺素　去甲肾上腺素
5. 生长激素　催乳激素
6. 腺垂体嗜碱性　束状带　糖皮质激素
7. 加压素　抗利尿激素　远曲　水　催产素
8. 嗜碱性　促甲状腺激素
9. 含氮　类固醇
10. 腺垂体　神经垂体
11. 释放激素　释放抑制激素

三、单项选择题

1. A 2. B 3. C 4. A 5. C 6. B 7. D 8. E 9. A 10. E 11. C 12. D 13. C 14. D 15. C 16. C 17. B 18. C 19. A 20. C 21. A 22. E 23. A 24. D 25. C 26. E 27. B 28. E 29. C 30. B 31. E 32. B 33. E 34. C

四、问答题

1. 简述甲状腺滤泡上皮细胞的结构和功能。

光镜下结构:细胞立方形,核圆位于中央,胞质嗜酸性,细胞高低随功能状态而变化。
电镜下结构:胞质内含有较多的粗面内质网、高尔基复合体、溶酶体、分泌颗粒和胶质小泡。
功能:合成和分泌甲状腺激素,即 T_3 和 T_4。甲状腺激素的形成需经过甲状腺球蛋白的合成、储存、碘化、重吸收和分解释放。

2. 试述腺垂体远侧部的结构和功能。

远侧部:
嗜酸性细胞的结构:细胞呈圆形或卵圆形,胞质嗜酸性。
功能:生长激素细胞——分泌生长激素,催乳激素细胞——分泌催乳激素。
嗜碱性细胞的结构:细胞呈多边形或卵圆形,胞质嗜碱性。
功能:促甲状腺激素细胞——分泌促甲状腺激素,促性腺激素细胞——分泌卵泡刺激素和黄体生成素,促肾上腺皮质激素细胞——分泌促肾上腺皮质激素。
嫌色细胞:体积小,胞质少,着色浅,细胞界限不清。

3. 试述下丘脑与神经垂体、腺垂体的关系。

与神经垂体的关系:神经部的无髓神经纤维来自于下丘脑的视上核和室旁核。下丘脑视上核和室旁核等处的神经内分泌细胞,其分泌颗粒沿轴突运输至神经部,将其释放入血,神经部是下丘脑激素储存和释放的部位,因此神经垂体是下丘脑的延续,二者在结构和功能上都是统一体。

与腺垂体的关系:在下丘脑的弓状核等处有许多神经内分泌细胞,能产生激素,其中对腺细胞分泌起促进作用的激素称为释放激素,反之,对腺细胞分泌起抑制作用的激素称为释放抑制激素。含有上述激素的分泌颗粒沿神经内分泌细胞的轴突运输到漏斗处而终止,将颗粒中的激素释放进入该处的第一级毛细血管网,再经垂体门微静脉到远侧部的第二级毛细血管网,分别调节远侧部腺细胞的分泌活动。因此,下丘脑与腺垂体虽无结构上的直接联系但下丘脑由其所产生的释放激素和释放抑制激素,经垂体门脉系统调节腺垂体各种腺细胞的分泌活动。

4. 试述肾上腺皮质的结构和功能。

肾上腺皮质分为三个带:
球状带:位于肾上腺被膜下。此带较薄,内分泌细胞呈团状排列,细胞团之间有窦状毛细血管和少量结缔组织,细胞呈多边形,核小,染色较深,胞质呈嗜碱性,有少量脂滴。球状带细胞分泌盐皮质激素,其主要成分是醛固酮,能促进肾远曲小管和集合管重吸收钠和排出钾,刺激胃黏膜、唾液腺和汗腺吸收钠,从而使血中 Na^+ 升高,K^+ 下降,维持血容量于正常水平。

束状带:位于球状带的深层。细胞排列呈单排或双排的细胞索,由深部向浅部呈放射状排列。细胞索之间有丰富的窦状毛细血管。细胞较大,呈多边形,细胞质内充满了大的脂滴,HE 染色浅。细胞分泌糖皮质激素,主要作用是促使蛋白质和脂肪分解并转变成糖,其主要作用是促进这些细胞分解代谢,还有抑制免疫应答和抗炎作用。

网状带:位于皮质的最深层,细胞排列成细胞索并连接成网。网眼内有丰富的窦状毛细血管。细胞较束状带小,胞质内脂滴也少和小,但有较多的脂褐素颗粒,且随年龄而增多,主要产生雄激素,也产生少量糖皮质激素和雌激素。

第14章 消化管

【本章重点内容】

1. 胃黏膜的结构特点与功能；
2. 小肠黏膜的结构特点与功能；
3. 食管的结构特点与功能；
4. 皱襞、绒毛和微绒毛的结构特点。

【各型试题】

一、名词解释

1. 胃小凹。
2. 胃底腺。
3. 黏液-碳酸氢盐屏障。
4. 小肠皱襞。
5. 中央乳糜管。
6. 小肠绒毛。

二、填空题

1. 消化管壁由内向外一般分为_____、_____、_____、_____四层。
2. 消化管黏膜是由_____、_____和_____组成。_____是消化管各段结构差异最大、功能最重要的部分。
3. 小肠腔面有_____、_____和_____三种特殊结构，其作用为扩大小肠消化吸收表面积。
4. 构成小肠腺的细胞有_____、_____、_____、_____和_____。

5. 胃底腺由_____、_____、_____、_____和_____组成。
6. 胃底腺主细胞分泌_____,经_____激活后,转变为_____。该细胞电镜下有典型的_____的超微结构特点。
7. 在分泌期,壁细胞内_____开放,_____增长,_____数量锐减。
8. 胃底腺的内分泌细胞主要有_____和_____。前者分泌_____,后者分泌_____。

三、单项选择题

1. 不属于空肠的结构是(　　)。
   A. 环行皱襞　　　　B. 绒毛　　　　C. 小肠腺
   D. 中央乳糜管　　　E. 集合淋巴小结
2. 未角化复层扁平上皮分布在(　　)。
   A. 食管　　　　　　B. 气管　　　　C. 输卵管
   D. 输精管　　　　　E. 输尿管
3. 不属于胃底腺的细胞成分为(　　)。
   A. 潘氏细胞　　　　B. 主细胞　　　C. 壁细胞
   D. 颈黏液细胞　　　E. 内分泌细胞
4. 回肠与空肠相比,不同之处在于(　　)。
   A. 具有环行皱襞　　B. 具有绒毛
   C. 上皮内具有杯状细胞
   D. 固有层内多有孤立淋巴小结
   E. 固有层内多有集合淋巴小结
5. 十二指肠腺属于(　　)。
   A. 黏液性腺　　　　B. 浆液性腺　　C. 混合性腺
   D. 小肠腺　　　　　E. 内分泌腺
6. 中央乳糜管是(　　)。
   A. 毛细血管,与脂肪吸收有关
   B. 毛细血管,与氨基酸吸收有关
   C. 毛细淋巴管,与单糖吸收有关
   D. 毛细淋巴管,与脂肪吸收有关
   E. 小淋巴管,与脂肪吸收有关
7. 胃底腺主细胞能分泌(　　)。
   A. 盐酸　　　　　　B. 胃泌素　　　C. 内因子
   D. 胃蛋白酶原　　　E. 胃动素

8. 肠腺潘氏细胞的嗜酸性分泌颗粒常含有(　　)。
   A. 蛋白酶　　　　　B. 脂酶　　　　　C. 溶菌酶
   D. 凝乳酶　　　　　E. 羟氨酸
9. 小肠绒毛是(　　)。
   A. 黏膜上皮向肠腔伸出的指状突起
   B. 黏膜及黏膜下层向肠腔伸出的突起
   C. 上皮细胞表面的小突起
   D. 上皮与固有层共同向肠腔突出而形成
   E. 上皮、固有层及黏膜肌层共同向肠腔突出而形成
10. 吸收维生素 B_{12} 所需要的内因子来自胃的(　　)。
    A. 主细胞　　　　　B. 颈黏液细胞　　　C. 胃小凹上皮细胞
    D. 内分泌细胞　　　E. 壁细胞
11. 单层柱状上皮分布于(　　)。
    A. 小肠黏膜上皮　　B. 气管黏膜上皮　　C. 肾远曲小管上皮
    D. 阴道黏膜上皮　　E. 食管黏膜上皮
12. 器官或组织(　　)中无血窦。
    A. 肝脏　　　　　　B. 红骨髓　　　　　C. 脾脏
    D. 肾上腺　　　　　E. 平滑肌
13. 小肠绒毛内的中央乳糜管是(　　)。
    A. 毛细淋巴管　　　B. 有孔毛细血管　　C. 连续毛细血管
    D. 窦状毛细血管　　E. 小淋巴管
14. 具有杯状细胞的器官是(　　)。
    A. 胃　　　　　　　B. 食管　　　　　　C. 口腔
    D. 小肠　　　　　　E. 输尿管
15. 参与分泌胃上皮表面黏液的细胞是(　　)。
    A. 主细胞　　　　　B. 壁细胞　　　　　C. 颈黏液细胞
    D. 内分泌细胞　　　E. 表面黏液细胞
16. 含有壁细胞的腺体是(　　)。
    A. 贲门腺　　　　　B. 幽门腺　　　　　C. 胃底腺
    D. 食管腺　　　　　E. 小肠腺
17. 含有潘氏壁细胞的腺体是(　　)。
    A. 贲门腺　　　　　B. 幽门腺　　　　　C. 小肠腺
    D. 食管腺　　　　　E. 胃底腺
18. 下列对主细胞的描述,错误的是(　　)。
    A. 位于腺体的体部和底部

B. 核圆形位于细胞的基部

C. 胞质嗜酸性

D. 胞质内有发达的粗面内质网和高尔基复合体

E. 能分泌胃蛋白酶原

19. （　　）不是中央乳糜管的结构特点。

　　A. 管壁由一层内皮组成

　　B. 内皮细胞间隙较大

　　C. 基膜明显

　　D. 通透性强

　　E. 乳糜微粒容易进入管内

20. 能分化为小肠上皮杯状细胞的细胞是（　　）。

　　A. 柱状细胞　　　　B. 颈黏液细胞　　　　C. 潘氏细胞

　　D. 干细胞　　　　　E. 以上都不是

四、问答题

1. 试述胃底腺壁细胞的数量、分布、结构和功能。
2. 试述胃底腺主细胞的数量、分布、结构和功能。
3. 叙述小肠绒毛的结构及与消化食物和吸收营养的关系。
4. 试述胃黏膜的结构及自我保护机制。

【参考答案】

一、名词解释

1. 胃小凹：胃黏膜表面的上皮下陷，形成胃小凹。胃小凹的底部有胃腺开口。

2. 胃底腺：分布于胃底及胃体部，为分支管状腺。胃底腺主要由壁细胞、主细胞、颈黏液细胞和内分泌细胞四种细胞组成。

3. 黏液-碳酸氢盐屏障：胃上皮表面覆盖的厚0.25~0.5mm的黏液层，主要由表面黏液细胞分泌的不可溶性黏液构成，并含大量HCO_3^-，可防止胃酸和胃蛋白酶对胃黏膜的侵蚀和分解。

4. 小肠皱襞：小肠黏膜和黏膜下层共同突入肠腔，形成环状小肠皱襞。

5. 中央乳糜管：在小肠绒毛中轴内有一条或两条毛细淋巴管，称为中央乳糜管，主要转运上皮吸收的脂肪。

6. 小肠绒毛：小肠黏膜层的上皮和固有层向肠腔伸出许多的指状突起称小肠绒毛。

二、填空题

1. 黏膜　黏膜下层　肌层　外膜
2. 上皮　固有层　黏膜肌层　黏膜
3. 环行皱襞　肠绒毛　微绒毛
4. 吸收细胞　杯状细胞　干细胞　潘氏细胞　内分泌细胞
5. 壁细胞　主细胞　颈黏液细胞　内分泌细胞　干细胞
6. 胃蛋白酶原　盐酸　胃蛋白酶　蛋白质分泌细胞
7. 分泌小管　微绒毛　微管泡
8. ECL细胞　D细胞　组胺　生长抑素

三、单项选择题

1. E　2. A　3. A　4. E　5. A　6. D　7. D　8. C　9. D　10. E　11. A　12. E　13. A　14. D　15. E　16. C　17. C　18. C　19. C　20. D

四、问答题

1. 试述胃底腺壁细胞的数量、分布、结构和功能。

壁细胞又称盐酸细胞,数量较少,胃底腺的体部和颈部较多。细胞呈三角形或圆形,细胞核圆形,居中,有的细胞可见双核,细胞质嗜酸性强。电镜下,壁细胞游离面的细胞膜向细胞内深陷形成迂曲分支的小管,称细胞内分泌小管,小管腔内有许多微绒毛、小管附近有许多小管泡系、线粒体和高尔基复合体。该细胞具有分泌盐酸和内因子的功能。

2. 试述胃底腺主细胞的数量、分布、结构和功能。

主细胞又称胃酶细胞,数量最多,主要分布于胃底腺的体部和底部。细胞呈柱状,细胞核圆形,位于基部,细胞质嗜碱性,顶部胞质含酶原颗粒。电镜下细胞基底部及核周围有丰富的粗面内质网,核上方有发达的高尔基复合体,游离端胞质内有大量的酶原颗粒。主细胞可分泌胃蛋白酶原,经盐酸激活成胃蛋白酶,可水解蛋白质。婴儿的主细胞还能分泌凝乳酶。

3. 叙述小肠绒毛的结构及与消化食物和吸收营养的关系。

小肠黏膜上皮和固有层共同向肠腔伸出细长突起称肠绒毛。其表面为上皮,中轴为固有层。上皮为单层柱状,由吸收细胞、杯状细胞和少量内分泌细胞组成。吸收细胞游离面有许多排列整齐的微绒毛,表面有一层细胞衣,内含消化酶。微绒毛可扩大细胞的表面积,利于食物的消化吸收。固有层含细密结缔组织、有孔毛细血管、中央乳糜管和少量平滑肌。吸收细胞吸收的葡萄糖、氨基酸进入毛细血管运输,甘油、脂肪酸在吸收细胞内再形成乳糜微粒,进入乳糜管运输,平滑肌收缩可使绒毛伸缩也有利于物质的消化吸收。

4. 试述胃黏膜的结构及自我保护机制。

胃黏膜的结构：胃空虚时腔面可见许多皱襞，黏膜表面的浅沟将黏膜分成许多胃小区，黏膜表面还遍布胃小凹，与胃腺连通。黏膜表面的上皮为单层柱状，主要为表面黏液细胞，核呈椭圆形于基部；顶部胞质充满黏原颗粒；细胞间有紧密连接，分泌含高浓度碳酸氢根的不可溶性黏液，覆盖于上皮表面，有重要保护作用，约 3～5 天更新一次。固有层内含大量紧密排列的管状腺，根据所在部位和结构不同，分为胃底腺、贲门腺和幽门腺。腺之间及胃小凹之间有少量的结缔组织，含成纤维细胞、淋巴细胞及一些浆细胞、肥大细胞、嗜酸性粒细胞、平滑肌细胞。黏膜肌层为内环和外纵两层平滑肌。

胃黏膜的自我保护机制：胃液含盐酸，pH 值为 0.9～1.5，腐蚀性强，胃蛋白酶能分解蛋白质，而胃黏膜却不受破坏，因有黏液 - 碳酸氢盐屏障。上皮表面的黏液层厚 0.25～0.5 mm，有不可溶性凝胶，并含碳酸氢根（来自表面黏液细胞和壁细胞）。凝胶层将上皮与胃蛋白酶隔离，并减缓氢离子向黏膜弥散；碳酸氢根可中和氢离子，形成碳酸，被胃上皮细胞的碳酸酐酶迅速分解为水和二氧化碳。上皮约 3～5 天更新一次，能及时修复损伤。

第 15 章 消化腺

【本章重点内容】

1. 掌握胰腺外分泌部和内分泌部的结构与功能；
2. 掌握肝小叶与门管区的结构与功能。

【各型试题】

一、名词解释

1. 胰岛。
2. 窦周隙。
3. 胆小管。
4. 肝小叶。
5. 门管区。

二、填空题

1. 胰腺由_____部和外分泌部组成；前者较少，散在于后者之间，称_____。
2. 胰岛内有_____、_____、_____和_____四种细胞，其中分泌胰岛素的细胞是_____。
3. 肝门管区结缔组织内有_____、_____和小叶间胆管，它们分别是_____、_____和_____在肝内的分支。
4. 肝小叶由_____、_____、_____、_____和窦周隙五部分构成。
5. 肝细胞有_____、_____和_____三个不同的功能面。
6. 肝血窦位于_____之间，血液从肝小叶_____流向_____，汇入_____。
7. 窦周隙位于_____和_____之间，其内含_____细胞。
8. 电镜下，胆小管腔面有_____，小管周围的肝细胞形成_____和_____等细胞连接。

9. 贮脂细胞位于_____内,细胞内贮有_____。
10. 唾液腺的腺泡分为_____、_____和_____三种类型。
11. 肝脏的基本结构单位是_____。

三、单项选择题

1. 在肝细胞中,合成多种血浆蛋白的是(   )。
   A. 粗面内质网　　　　B. 滑面内质网　　　　C. 线粒体
   D. 微体　　　　　　　E. 溶酶体

2. 不属于门管区的管道是(   )。
   A. 小叶间静脉　　　　B. 小叶间胆管　　　　C. 小叶间淋巴管
   D. 小叶下静脉　　　　E. 小叶间动脉

3. 窦周隙位于(   )。
   A. 肝细胞与肝血窦内皮细胞之间
   B. 肝血窦内皮细胞之间
   C. 相邻肝细胞通道之间
   D. 肝血窦内皮细胞与肝巨噬细胞之间
   E. 肝细胞与胆小管之间

4. 胆汁由(   )产生。
   A. 肝细胞　　　　　　B. 肝闰管上皮细胞　　C. 胆小管上皮细胞
   D. 胆道上皮细胞　　　E. 胆囊上皮细胞

5. 不是胰岛细胞的分泌物是(   )。
   A. 胰高血糖素　　　　B. 胰多肽　　　　　　C. 胰岛素
   D. 胰蛋白酶　　　　　E. 生长抑素

6. 肝小叶内不和血浆接触的是(   )。
   A. 肝细胞血窦面的微绒毛
   B. 贮脂细胞
   C. 肝细胞胆小管面的微绒毛
   D. 肝血窦内皮细胞
   E. 库普弗细胞

7. 下列关于肝细胞的描述,错误的是(   )。
   A. 正常肝细胞大多为四倍体核
   B. 胆汁的合成与粗面内质网有关
   C. 胆汁的排泌与高尔基复合体有关
   D. 老年人肝细胞数量逐渐减少
   E. 脂褐素含量随年龄而增加

8. 与肝防御功能有关的细胞是(　　)。
    A. 肝细胞　　　　　　　B. 贮脂细胞　　　　　　　C. 肝血窦内皮细胞
    D. 肝巨噬细胞　　　　　E. 血管内皮细胞

9. 下列关于胰岛的描述,错误的是(　　)。
    A. 由内分泌细胞组成的细胞团
    B. HE 切片中可见 A、B、D、PP 四种细胞
    C. 细胞间有丰富的毛细血管
    D. 胰岛大小不等
    E. 位于腺泡之间

10. 在肝细胞内与胆汁合成分泌有关的细胞器是(　　)。
    A. 滑面内质网,微体
    B. 滑面内质网,高尔基复合体
    C. 粗面内质网,高尔基复合体
    D. 粗面内质网,溶酶体
    E. 溶酶体,微体

11. 下列关于肝门管区三种管道的描述,错误的是(　　)。
    A. 小叶间动脉来自肝动脉
    B. 小叶间静脉来自肝静脉
    C. 小叶间胆管汇合成肝管
    D. 三种管道互相伴行
    E. 三种管道在门管区内可有分支

12. 下列关于胆小管的位置,正确的是(　　)。
    A. 肝板间
    B. 肝细胞与血窦内皮间
    C. 肝板内相邻肝细胞间
    D. 肝板与血窦间
    E. 肝板与窦周隙间

13. 下列关于肝血窦的位置,正确的是(　　)。
    A. 肝板间
    B. 肝细胞与血窦内皮间
    C. 肝板内相邻肝细胞间
    D. 肝板与血窦间
    E. 肝板与窦周间隙间

14. 组成胆小管管壁的细胞是(　　)。
    A. 成纤维细胞　　　　　B. 内皮细胞　　　　　　　C. 肝细胞

D. 贮脂细胞　　　　　E. 库普弗细胞

15. 形成窦周隙内网状纤维的细胞是(　　)。
    A. 肝巨噬细胞　　　B. 肝血窦内皮细胞　　C. 肝细胞
    D. 贮脂细胞　　　　E. 内皮细胞

16. 泡心细胞位于(　　)。
    A. 汗腺分泌部内　　B. 浆液性腺泡内　　　C. 黏液性腺泡内
    D. 胰腺外分泌部腺泡内　E. 皮脂腺内

17. 胆小管的壁是(　　)。
    A. 单层扁平上皮　　B. 单层立方上皮　　　C. 单层柱状上皮
    D. 假复层纤毛柱状上皮　E. 相邻肝细胞膜

18. 肝细胞与血液之间进行物质交换的部位是(　　)。
    A. 窦周隙　　　　　B. 胆小管　　　　　　C. 门管区
    D. 肝板之间　　　　E. 以上都是

19. 肝细胞供能的细胞器是(　　)。
    A. 线粒体　　　　　B. 粗面内质网　　　　C. 滑面内质网
    D. 溶酶体　　　　　E. 微体

20. 分泌各种消化酶的腺体是(　　)。
    A. 腮腺　　　　　　B. 食管腺　　　　　　C. 胃底腺
    D. 胰腺　　　　　　E. 肝脏

21. 含有大量四倍体腺细胞的腺体是(　　)。
    A. 肝脏　　　　　　B. 胰腺　　　　　　　C. 唾液腺
    D. 食管腺　　　　　E. 十二指肠腺

22. 肝细胞内呈 PAS 阳性的成分是(　　)。
    A. 脂滴　　　　　　B. 糖原　　　　　　　C. 脂褐素
    D. 核糖体　　　　　E. 溶酶体

23. 肝细胞内具有解毒作用的细胞器是(　　)。
    A. 线粒体　　　　　B. 高尔基复合体　　　C. 溶酶体
    D. 粗面内质网　　　E. 滑面内质网

24. 肝细胞分泌的胆汁最先进入(　　)。
    A. 肝血窦　　　　　B. 窦周隙　　　　　　C. 中央静脉
    D. 胆小管　　　　　E. 小叶间胆管

25. 人肝小叶分界不清是由于(　　)。
    A. 肝细胞结构不典型
    B. 中央静脉管壁没有平滑肌
    C. 肝血窦内皮不完整

D. 胆小管 HE 染色不易见到

E. 结缔组织少

26. 向血管内注入适量台盼蓝染料,在肝的( )内可见染料颗粒。
   A. 肝细胞　　　　　B. 血窦内皮细胞　　　C. 库普弗细胞
   D. 贮脂细胞　　　　E. 中央静脉内皮细胞

27. 胰腺外分泌部的腺泡是( )。
   A. 黏液性腺泡
   B. 浆液性腺泡,并有半月
   C. 混合性腺泡
   D. 以浆液性腺泡为主,间有混合腺泡
   E. 浆液性腺泡中有泡心细胞

28. 无肌上皮细胞分布的是( )。
   A. 乳腺腺泡　　　　B. 汗腺分泌部　　　C. 胰腺外分泌部的腺泡
   D. 腮腺腺泡　　　　E. 泪腺腺泡

四、问答题

1. 试述肝细胞的光镜和电镜结构与功能。
2. 简述胰腺外分泌部的结构与功能。
3. 试述肝小叶的结构与功能。
4. 试述胰岛的细胞组成与功能。

【参考答案】

一、名词解释

1. 胰岛:为胰腺的内分泌部,是由内分泌细胞组成的球形细胞团。
2. 窦周隙:肝细胞和肝血窦内皮细胞之间的狭小间隙。
3. 胆小管:相邻两个肝细胞之间局部胞膜凹陷形成的微细管道。
4. 肝小叶:肝的基本结构单位,呈多角棱柱体。
5. 门管区:相邻肝小叶之间的结缔组织小区,内有小叶间动脉、小叶间静脉和小叶间胆管。

二、填空题

1. 内分泌　胰岛
2. A 细胞　B 细胞　D 细胞　PP 细胞　B 细胞

3. 小叶间动脉　小叶间静脉　肝动脉　门静脉　肝管
4. 中央静脉　肝索　肝血窦　胆小管
5. 血窦面　胆小管面　肝细胞连接面
6. 肝板　周边　中央　中央静脉
7. 肝血窦　肝细胞　贮脂
8. 微绒毛　紧密连接　桥粒
9. 窦周隙　维生素 A
10. 浆液性　黏液性　混合性
11. 肝小叶

三、单项选择题

1. A　2. D　3. A　4. A　5. D　6. C　7. B　8. D　9. B　10. B　11. B　12. C　13. A　14. C　15. D　16. D　17. E　18. A　19. A　20. D　21. A　22. B　23. E　24. D　25. E　26. C　27. E　28. C

四、问答题

1. 试述肝细胞的光镜和电镜结构与功能。

光镜下结构:呈多面体,1~2核,胞质嗜酸性。有三个功能面:血窦面、胆小管面和肝C的连接面。

电镜下结构:含有多种细胞器。粗面内质网:合成蛋白质(血浆白蛋白、凝血酶原、载体蛋白)。滑面内质网:膜上有氧化还原酶、水解酶、转移酶、合成酶等。功能:合成胆汁,脂肪代谢,激素代谢,解毒作用。Golgi 复合体:加工包装蛋白质。溶酶体:消化、分解外源物质、衰老细胞等,参与胆色素的代谢、转运和铁的储存。线粒体:提供能量。内含物:糖原、脂滴、色素。

2. 简述胰腺外分泌部的结构与功能。

胰腺外分泌部由腺泡和导管组成。

腺泡:为浆液性腺泡,由胰腺泡细胞组成,具有典型的蛋白质分泌细胞特征,可分泌多种消化酶、酶原,酶原可被肠致活酶激活。泡心细胞:位于腺泡腔内,着色浅的扁平或立方细胞,是闰管上皮细胞向腺泡腔内延伸所成。

导管:上皮细胞分泌水和电解质。

闰管:单层扁平或立方上皮。

小叶内导管:单层立方或低柱状上皮。

小叶间导管:单层柱状上皮。

主导管:在胰头与胆总管汇合,开口于十二指肠乳头。

3. 试述肝小叶的结构与功能。

肝小叶是肝的基本结构单位,由中央静脉、肝板、肝血窦、窦周隙、胆小管五部分构成。

(1) 中央静脉:位于肝小叶中央,沿其长轴走行。

(2) 肝板:由肝细胞构成。

肝细胞光镜下结构:大,多面体型,核大而圆,居中央,胞质嗜酸性。

电镜下结构:有各种细胞器。

① 线粒体:供能。

② 粗面内质网:合成、分泌多种血浆蛋白。

③ 滑面内质网:合成胆汁,对有害物质和药物起解毒作用。

④ 高尔基复合体:加工蛋白质,参与胆汁排泌。

⑤ 溶酶体:参与细胞代谢、细胞器更新。

⑥ 内含物:糖原、脂滴、色素等。

(3) 肝血窦:腔大不规则;内皮:扁而薄,有大小不等的孔,孔上无隔膜;窦腔内有肝巨噬细胞(Kupffer cell)。

(4) 窦周隙:肝内皮细胞与肝细胞之间的狭窄间隙,充满血浆。内有贮脂细胞,为特殊状态的成纤维细胞。功能:产生纤维和基质及储存 Vit. A。

(5) 胆小管:相邻肝细胞之间局部质膜内陷形成的微细管道,胆小管周围的肝细胞膜形成紧密连接、桥粒等连接复合体。正常时处于封闭状态。

4. 试述胰岛的细胞组成与功能。

胰腺内分泌部主要是由胰岛细胞和丰富的毛细血管组成,胰岛的 A 细胞分泌胰高血糖素,B 细胞分泌胰岛素,它们共同调节血糖的代谢,D 细胞分泌生长抑素,它可直接作用于 A、B 细胞,使其分泌减少,即旁分泌作用。PP 细胞分泌胰多肽,可促进胃酸和胃蛋白酶原的分泌,抑制胆汁及胰蛋白酶的分泌。

第 16 章 呼吸系统

【本章重点内容】

1. 掌握气管的管壁结构,假复层纤毛柱状上皮的结构与功能;
2. 掌握肺导气部和呼吸部的组织结构;
3. 气-血屏障的组成与功能。

【各型试题】

一、名词解释

1. 肺小叶。
2. 气-血屏障。
3. 表面活性物质。
4. 肺泡隔。
5. 尘细胞。

二、填空题

1. 气管的管壁由外向内依次分为_____、_____和_____三层。
2. 气管黏膜的上皮是_____,上皮由5种细胞构成,即_____、杯状细胞、_____、小颗粒细胞和_____。
3. 肺导气部依次为_____、_____、_____、_____和_____。
4. 肺的呼吸部包括_____、_____、_____和_____。
5. 肺泡上皮细胞包括_____细胞和_____细胞。前者的主要功能是进行气体交换;后者主要分泌_____,有降低肺泡张力和稳定肺泡大小的作用。
6. 气-血屏障是_____与_____进行交换所通过的结构,由_____、_____、_____、_____构成。

7. 肺间质中广泛存在一种具有防御功能的细胞称_____，它游走进肺泡腔吞噬了较多尘粒后又称_____，它来源于血液中的_____。

8. 与主支气管相比，叶支气管的上皮仍为假复层纤毛柱状上皮，但上皮逐渐变薄，_____、_____和软骨片都逐渐减少，_____相对增多。

9. 电镜下发现，终末细支气管上皮中的主要细胞为无纤毛的_____。

10. 在病理情况下，_____和_____管壁的环形平滑肌发生痉挛性收缩，引起支气管哮喘。

11. 呼吸性细支气管是_____的分支，管壁上有_____的开口，具有_____功能。

12. _____是支气管树的终末部分，为多面形_____；是肺进行_____的主要部位。

三、单项选择题

1. 肺的呼吸部包括（　　）。
   A. 肺泡、肺泡管、肺泡囊、细支气管
   B. 呼吸性细支气管、肺泡管、肺泡囊、肺泡
   C. 肺泡、肺泡管、终末细支气管、呼吸性细支气管
   D. 肺泡囊、肺泡管、细支气管、呼吸性细支气管
   E. 肺泡管、肺泡、肺泡囊、终末细支气管

2. 下列关于终末细支气管特征的描述，错误的是（　　）。
   A. 上皮内无杯状细胞
   B. 管壁有环形的平滑肌层
   C. 管壁无腺体和软骨
   D. 管壁有肺泡开口，可进行气体交换
   E. 上皮为单层柱状

3. 构成气血屏障的结构不包括（　　）。
   A. Ⅰ型肺泡细胞　　B. 肺泡上皮的基膜　　C. Ⅱ型肺泡细胞
   D. 毛细血管的内皮细胞　E. 肺泡上皮和毛细血管内皮之间的结缔组织

4. 气管的上皮是（　　）。
   A. 单层柱状上皮　　B. 单层纤毛柱状上皮　　C. 复层柱状上皮
   D. 假复层纤毛柱状上皮　E. 复层扁平上皮

5. 下列关于Ⅰ型肺泡细胞特征的描述，错误的是（　　）。
   A. 肺泡表面大部分由Ⅰ型肺泡细胞覆盖
   B. 细胞为扁平形，胞质极薄
   C. 胞质内细胞器少，但含有大量吞饮小泡

D. 细胞表面有大量微绒毛,可扩大气体交换面积

E. 相邻的上皮细胞间有紧密连接

6. 下列关于Ⅱ型肺泡细胞特征的描述,错误的是(　　)。

    A. 细胞无分裂能力　　　　B. 能分泌表面活性物质

    C. 胞质内有嗜锇性板层小体

    D. 胞质内有发达的粗面内质网和高尔基复合体

    E. 细胞呈立方形或椭圆形,嵌于Ⅰ型肺泡细胞之间

7. 气管上皮内具有增殖分化能力的细胞是(　　)。

    A. 纤毛细胞　　　　　　B. 杯状细胞　　　　　　C. 基细胞

    D. 刷细胞　　　　　　　E. 小颗粒细胞

8. 肺小叶的组成是(　　)。

    A. 细支气管与其下属分支至肺泡

    B. 终末细支气管与其下属分支至肺泡

    C. 呼吸性细支气管与其下属分支至肺泡

    D. 肺泡管与其下属分支至肺泡

    E. 以上均不对

9. 肺内支气管各级分支中,管壁内有明显环形平滑肌是(　　)。

    A. 段支气管和小支气管

    B. 小支气管和细支气管

    C. 细支气管和终末细支气管

    D. 终末细支气管和呼吸性细支气管

    E. 终末细支气管和肺泡管

10. 下列关于呼吸性细支气管结构的描述,正确的是(　　)。

    A. 支气管的分支

    B. 由许多肺泡围成,无纤毛细胞和分泌细胞

    C. 管壁内无平滑肌

    D. 可有少量腺体

    E. 管壁由单层立方上皮移行为扁平上皮

11. 心力衰竭患者肺内出现的心力衰竭细胞是(　　)。

    A. 功能活跃的成纤维细胞

    B. 功能活跃的淋巴细胞

    C. 吞噬心肌纤维分解产物的巨噬细胞

    D. 吞噬血红蛋白分解产物的巨噬细胞

    E. 吞噬血红蛋白分解产物的中性粒细胞

12. 肺表面活性物质的主要性质和作用是(　　)。
    A. 磷脂,提高肺泡表面张力
    B. 磷脂,降低肺泡表面张力
    C. 糖蛋白,提高肺泡表面张力
    D. 糖蛋白,降低肺泡表面张力
    E. 糖脂,保护肺泡上皮
13. 气管上皮是(　　)。
    A. 假复层纤毛柱状上皮
    B. 单层纤毛柱状上皮
    C. 单层立方上皮
    D. 假复层柱状上皮
    E. 单层扁平上皮
14. Ⅱ型肺泡细胞内可见到(　　)。
    A. 嗜锇性板层小体　　B. 黏原颗粒　　　　C. 黄色色素颗粒
    D. 吞饮小泡　　　　　E. 含铁血红素
15. 能分泌表面活性物质的细胞是(　　)。
    A. Ⅰ型肺泡细胞　　　B. Ⅱ型肺泡细胞　　C. 尘细胞
    D. 心衰细胞　　　　　E. 克拉拉(clara)细胞
16. 下列关于Ⅰ型肺泡细胞的描述,错误的是(　　)。
    A. 宽大而扁平　　　　B. 有孔　　　　　　C. 相邻细胞间有紧密连接
    D. 基底面有基膜　　　E. 参与组成气-血屏障
17. 下列关于Ⅱ型肺泡细胞的描述,错误的是(　　)。
    A. 立方形或圆形
    B. 胞质内含有分泌颗粒,颗粒内含嗜锇性板层小体
    C. 参与组成气-血屏障
    D. 分泌表面活性物质
    E. 可分裂增殖并能转化为Ⅰ型肺泡细胞
18. Ⅰ型肺泡细胞内可见到(　　)。
    A. 嗜锇性板层小体　　B. 黏原颗粒　　　　C. 黄色色素颗粒
    D. 吞饮小泡　　　　　E. 含铁血红素
19. 腔面被覆假复层纤毛柱状上皮,管壁有半环形软骨环的结构是(　　)。
    A. 气管和支气管　　　B. 终末细支气管　　C. 呼吸性细支气管
    D. 肺泡管　　　　　　E. 肺泡囊
20. 许多肺泡共同的开口处为(　　)。
    A. 气管和支气管　　　B. 终末细支气管　　C. 呼吸性细支气管

D. 肺泡管　　　　　　E. 肺泡囊

21. 参与气体交换的细胞是（　　）。
    A. Ⅰ型肺泡细胞　　B. Ⅱ型肺泡细胞　　C. 尘细胞
    D. 心衰细胞　　　　E. 内分泌细胞

22. 呼吸道的分泌物来源于（　　）。
    A. 腺体、杯状细胞、克拉拉细胞
    B. 腺体、杯状细胞、纤毛细胞
    C. 腺体、杯状细胞
    D. 腺体、杯状细胞、刷细胞
    E. 杯状细胞、刷细胞、小颗粒细胞

23. 平滑肌在结构（　　）中残存最少。
    A. 肺泡　　　　　　B. 呼吸性细支气管　　C. 终末细支气管
    D. 肺泡囊　　　　　E. 肺泡管

24. 肺的间质是指（　　）。
    A. 肺内的结缔组织和血管
    B. 肺内的结缔组织、血管、淋巴管和神经
    C. 肺泡隔、支气管树和血管
    D. 肺内血管、淋巴管和神经
    E. 肺内结缔组织

25. 吸气后，促使肺泡回缩的主要因素是（　　）。
    A. 肺泡隔内胶原纤维
    B. 肺泡隔内网状纤维
    C. 肺泡隔内弹性纤维
    D. Ⅱ型肺泡上皮细胞分泌的表面活性物质
    E. 肺泡管壁上环行的平滑肌纤维

26. 对进出肺泡内的气体流量起调节作用的是（　　）。
    A. 呼吸性细支气管　　B. 细支气管　　C. 终末细支气管
    D. 肺泡管　　　　　　E. 肺泡囊

四、问答题

1. 简述肺泡借助于哪些物质和结构保持正常的形态和功能。
2. 简述呼吸道黏膜是如何执行防御功能的。
3. 试述肺呼吸部的组成和结构。
4. 试述氧气是如何到达肺内毛细血管的。

【参考答案】

一、名词解释

1. 肺小叶：每一细支气管连同它的分支和肺泡，组成一个肺小叶。
2. 气-血屏障：是肺泡与血液之间进行气体交换所通过的结构。
3. 表面活性物质：Ⅱ型肺泡细胞将颗粒内容物分泌到肺泡上皮表面，铺展形成一薄层液体膜，称表面活性物质。
4. 肺泡隔：相邻肺泡之间的薄层结缔组织构成肺泡隔，其内有密集的毛细血管和丰富的弹性纤维。
5. 尘细胞：位于肺泡腔和肺泡隔内，吞噬了大量尘粒的肺巨噬细胞。

二、填空题

1. 外膜　黏膜下层　黏膜
2. 假复层纤毛柱状上皮　纤毛细胞　刷细胞　基细胞
3. 叶支气管　段支气管　小支气管　细支气管　终末支气管
4. 呼吸性细支气管　肺泡管　肺泡囊　肺泡
5. Ⅰ型肺泡　Ⅱ型肺泡　表面活性物质
6. 肺泡内气体　血液内气体　肺泡表面液体层　Ⅰ型肺泡细胞与基膜　薄层结缔组织　毛细血管的基膜与内皮
7. 肺巨噬细胞　尘细胞　单核细胞
8. 杯状细胞　腺体　平滑肌纤维
9. 克拉拉细胞
10. 细支气管　终末细支气管
11. 终末细支气管　肺泡　气体交换
12. 肺泡　囊泡　气体交换

三、单项选择题

1. B　2. D　3. C　4. D　5. D　6. A　7. C　8. A　9. C　10. E　11. D　12. B　13. A　14. A　15. B　16. B　17. C　18. D　19. A　20. E　21. A　22. C　23. E　24. B　25. D　26. C

四、问答题

1. 简述肺泡借助于哪些物质和结构保持正常的形态和功能。

借助于Ⅱ型肺泡上皮细胞分泌的表面活性物质和肺泡隔内大量的弹性纤维而维持着

正常的大小形态,以保证完成气体交换功能。

2. 简述呼吸道黏膜是如何执行防御功能的。

黏膜下层淋巴组织内的 B 淋巴细胞,接受抗原刺激分化为浆细胞,浆细胞分泌 IgA,黏膜下层混合腺细胞产生的分泌片与 IgA 相结合形成分泌性 IgA(SIgA),以此来执行免疫和防御功能。

3. 试述肺呼吸部的组成和结构。

肺呼吸部包括:① 呼吸性细支气管,结构特点是:管壁上有肺泡开口,上皮为立方或扁平,也可有纤毛细胞,上皮外结缔组织内有少量平滑肌纤维和弹性纤维;② 肺泡管,结构特点是:相邻肺泡开口周围处为立方上皮,其下方肺泡隔内有少量平滑肌纤维和弹性纤维,故切片有典型的结节状膨大;③ 肺泡囊,是几个肺泡的共同开口处;④ 肺泡,由Ⅰ型和Ⅱ型上皮细胞围成,外有基膜和肺泡隔。

4. 试述氧气是如何到达肺内毛细血管的。

氧气经鼻腔、咽、喉、气管、支气管、小支气管、细支气管、终末细支气管、呼吸性细支气管、肺泡管、肺泡囊、肺泡、肺泡上皮、上皮基膜、薄层结缔组织、毛细血管内皮基膜、毛细血管内皮这些结构到达毛细血管。

第 17 章 泌尿系统

【本章重点内容】

1. 掌握肾单位结构与功能；
2. 滤过屏障的组成与功能；
3. 掌握球旁复合体（球旁细胞、致密斑、球外系膜细胞）的结构与功能。

【各型试题】

一、名词解释

1. 滤过膜（滤过屏障）。
2. 肾单位。
3. 髓袢。
4. 致密斑。
5. 肾小囊。

二、填空题

1. 滤过膜由_____、_____和_____三层结构组成。
2. 肾单位是由_____和_____组成。
3. 近曲小管上皮细胞腔面有_____，电镜下由_____组成，其功能是_____和具有_____。
4. 髓袢是由_____、_____和_____组成。
5. _____的肾小体位于皮质浅部，_____较短，在_____中起重要作用；_____的肾小体位于皮质深部，对_____具有重要的生理意义。
6. 球旁复合体由_____、_____和_____组成。
7. 肾小管有两极，分别称为_____和_____。
8. 集合小管系的起始部分为_____，一端连接_____，另一端成弧形弯入髓放线,与_____相通,至肾乳头处改称为_____,开口于_____。

9. 球旁复合体的_____能感受滤液中的_____浓度变化,将信息传递给_____,后者分泌_____。

三、单项选择题

1. 下列关于近曲小管特征的描述,不正确的是(   )。
   A. 细胞呈柱状　　　　B. 腔面有刷状缘　　　　C. 细胞基部有纵纹
   D. 胞质嗜酸性　　　　E. 细胞核呈圆形,位于细胞基部

2. 球旁细胞的特征是(   )。
   A. 细胞呈梭形,胞质色浅,核圆居中
   B. 胞质内有许多肌丝和分泌颗粒
   C. 胞质内肌丝少,有许多分泌颗粒
   D. 细胞呈立方形,胞质有许多黏原颗粒
   E. 颗粒内有结晶体,含有前列腺素

3. 球旁细胞由(   )演变而成。
   A. 出球微动脉的内皮细胞
   B. 入球微动脉的内皮细胞
   C. 近曲小管上皮细胞
   D. 球外系膜细胞
   E. 近血管球处入球微动脉的平滑肌细胞

4. 下列关于致密斑的描述,正确的是(   )。
   A. 由远曲小管上皮细胞紧密排列形成
   B. 在靠近肾小体血管极侧远端小管上皮细胞增高密集排列呈斑状结构
   C. 能感受滤液中Na^+的变化,分泌肾素
   D. 致密斑的细胞与球旁细胞关系密切,二者之间有基膜
   E. 细胞排列紧密,呈斑状,细胞为立方形

5. 下列有关肾单位组成的描述,正确的是(   )。
   A. 肾小体和泌尿小管
   B. 肾小体、近曲小管、远曲小管和肾单位袢
   C. 肾小体和肾单位袢
   D. 肾小体和近端小管
   E. 肾小体和远端小管

6. 下列关于肾小体特征的描述,错误的是（　　）。
   A. 由血管球及肾小囊组成
   B. 可分为血管极和尿极
   C. 尿极与远端小管曲部相连
   D. 血管极有入球和出球小动脉出入
   E. 致密斑位于血管极两条微动脉之间

7. 下列关于血管球的描述,正确的是（　　）。
   A. 由出入球动脉盘绕形成
   B. 血管球毛细血管为有孔型毛细血管
   C. 入球微动脉细而长
   D. 出球微动脉短而粗
   E. 毛细血管间无血管系膜

8. 肾小叶的组成是（　　）。
   A. 两条髓放线之间的皮质迷路
   B. 一条髓放线及其周围的皮质迷路
   C. 肾锥体及其相连的皮质部分
   D. 一个肾锥体是一个肾小叶
   E. 一个集合小管及其相连通的肾单位

9. 下列关于肾小囊特点的描述,正确的是（　　）。
   A. 为双层囊,血管球位于内层与外层之间
   B. 内层为立方上皮,与近端小管相连
   C. 外层为扁平上皮,包在毛细血管外面
   D. 肾小管起始端膨大并凹陷成的双层杯状囊
   E. 不参与组成肾小体滤过膜

10. 光镜下肾HE染色切片,近曲小管上皮细胞分界不清是由于（　　）。
    A. 胞质嗜酸性强,染色深
    B. 相邻细胞的侧突相互嵌合
    C. 细胞排列紧密
    D. 细胞膜较薄
    E. 以上都不对

11. 下列关于远曲小管特点的描述,正确的是（　　）。
    A. 胞质染色较深,嗜酸性
    B. 上皮细胞为立方形,染色浅
    C. 上皮细胞基部纵纹较清楚
    D. 有刷状缘

E. 上皮细胞核位于基部
12. 肾的滤过作用主要是由于（　　）。
    A. 肾单位滤过膜　　　B. 肾小管长　　　　C. 肾小管弯曲
    D. 集合小管长　　　　E. 血供丰富
13. 肾柱位于（　　）。
    A. 髓放线之间　　　　B. 皮质迷路之间　　C. 肾小叶之间
    D. 肾大盏之间　　　　E. 肾锥体之间
14. 在正常情况下，可以通过肾小体滤过膜的物质是（　　）。
    A. 血浆成分
    B. 除大分子蛋白质以外的血浆成分
    C. 少量红细胞和血浆成分
    D. 除葡萄糖、氨基酸以外的血浆成分
    E. 除多肽、尿素等以外的血浆成分
15. 可以分泌前列腺素的细胞是（　　）。
    A. 系膜细胞　　　　　B. 球旁细胞　　　　C. 足细胞
    D. 肾间质细胞　　　　E. 致密斑细胞
16. 近曲小管腔面有（　　）。
    A. 刷状缘　　　　　　B. 基底纵纹　　　　C. 胞质侧突
    D. 顶突小管　　　　　E. 吞噬体和溶酶体
17. 远端小管直部有（　　）。
    A. 刷状缘　　　　　　B. 基底纵纹　　　　C. 胞质侧突
    D. 顶突小管　　　　　E. 吞噬体和溶酶体
18. 分泌肾素的是（　　）。
    A. 球旁细胞　　　　　B. 球内系膜细胞　　C. 足细胞
    D. 肾间质细胞　　　　E. 致密斑细胞
19. 感受 Na^+ 浓度变化的细胞是（　　）。
    A. 球旁细胞　　　　　B. 球内系膜细胞　　C. 足细胞
    D. 肾间质细胞　　　　E. 致密斑细胞
20. 参与滤过屏障形成的细胞是（　　）。
    A. 球旁细胞　　　　　B. 球内系膜细胞　　C. 足细胞
    D. 肾间质细胞　　　　E. 致密斑细胞
21. 肾小囊的特点不包括（　　）。
    A. 球形的双层囊
    B. 壁层为单层扁平上皮
    C. 脏层为包绕有孔毛细血管的足细胞

D. 肾小囊腔与近曲小管相通

E. 不参与组成肾小体的滤过屏障

22. 下列关于肾小体滤过的描述,错误的是(   )。

    A. 毛细血管球的内皮细胞有孔

    B. 基膜具有通透性

    C. 裂孔膜可通透分子量为7万以下的物质

    D. 血管球,位于皮质迷路和髓放线内

    E. 入球微动脉短粗,出球微动脉细长,致使血管球内血压较高

23. 下列关于足细胞的描述,不正确的是(   )。

    A. 具有突起的细胞

    B. 胞体较大突向肾小囊腔

    C. 有吞噬功能

    D. 裂孔上有膜覆盖

    E. 突起间形成交叉,之间裂隙称裂孔

24. 肾柱内见不到(   )。

    A. 球旁复合体   B. 远曲小管   C. 弓形集合管
    D. 近曲小管   E. 乳头管

25. 位于肾小体血管极侧并来源于平滑肌的细胞是(   )。

    A. 球旁细胞   B. 致密斑细胞   C. 足细胞
    D. 肾间质细胞 E. 球内系膜细胞

26. 滤过血液形成原尿的结构是(   )。

    A. 肾小体   B. 细段   C. 集合小管
    D. 远曲小管   E. 近曲小管

27. 原尿重吸收的主要场所是(   )。

    A. 肾小体   B. 近曲小管   C. 细段
    D. 远曲小管   E. 集合小管

28. 有单层扁平细胞围成的结构是(   )。

    A. 肾小体   B. 近曲小管   C. 集合小管
    D. 远曲小管   E. 细段

29. 抗利尿激素和醛固酮的靶细胞是(   )。

    A. 近曲小管上皮细胞

    B. 细段上皮细胞

    C. 远曲小管上皮细胞

    D. 髓袢上皮细胞

    E. 乳头管上皮细胞

30. 肾内最终形成终尿的部位是(   )。
    A. 肾盏   B. 集合小管   C. 远端小管直部
    D. 远端小管曲部   E. 细段
31. 血管球的血管是(   )。
    A. 微动脉   B. 血窦   C. 连续毛细血管
    D. 有孔毛细血管   E. 小动脉
32. 与滤过膜通透性无关的因素是(   )。
    A. 足细胞   B. 球内系膜细胞   C. 滤过物的分子量大小
    D. 滤过物的pH值 E. 滤过物的带电情况

四、问答题

1. 试述肾小体的结构及其与原尿形成的关系。
2. 何谓滤过膜？其构成及功能如何？
3. 论述球旁复合体的组成及功能。
4. 列表比较泌尿小管各段的结构、功能和在肾内的分布。

【参考答案】

一、名词解释

1. 滤过膜(滤过屏障)：当血液流经肾小体血管球的毛细血管时，血浆内部分物质经有孔内皮、基膜和足细胞裂孔膜滤入肾小囊腔。这三层结构称滤过屏障。
2. 肾单位：是肾的结构和功能单位，由肾小体和肾小管组成。
3. 髓袢：近直小管、细段和远直小管三者构成U形的髓袢。
4. 致密斑：是远端小管靠近肾小体侧的上皮细胞形成的椭圆形斑。
5. 肾小囊：是在胚胎时肾小管的起始端膨大凹陷而成的杯状双层上皮囊。

二、填空题

1. 有孔内皮　基膜　足细胞裂孔膜
2. 肾小体　肾小管
3. 刷状缘　微绒毛　扩大细胞游离面的表面积　重吸收功能
4. 近直小管　细段　远直小管
5. 浅表肾单位　髓袢　尿液形成　髓旁肾单位　尿液浓缩
6. 球旁细胞　致密斑　球外系膜细胞
7. 血管极　尿极

8. 弓形集合管　远曲小管　直集合管　乳头管　肾小盏
9. 致密斑　Na^+　球旁细胞　肾素

三、单项选择题

1. A　2. C　3. E　4. B　5. B　6. C　7. B　8. B　9. D　10. B　11. B　12. A　13. E　14. B　15. D　16. A　17. B　18. A　19. E　20. C　21. E　22. D　23. C　24. E　25. A　26. A　27. B　28. E　29. C　30. B　31. D　32. D

四、问答题

1. 试述肾小体的结构及其与原尿形成的关系。

肾小体由血管球和肾小囊组成，血管球是位于出入球微动脉之间盘曲的毛细血管袢，入球微动脉较出球微动脉粗，故血管球内血压较一般毛细血管的高。毛细血管为有孔毛细血管，没有隔膜。肾小囊分壁层和脏层，两层间的腔隙为肾小囊腔，壁层由单层扁平上皮构成，脏层是多突起的足细胞。足细胞胞体伸出初级突起继而再分出许多次级突起。次级突起互相穿插形成栅栏状，紧贴毛细血管基膜外，突起之间的裂孔由裂孔膜覆盖。当血液流经血管球毛细血管时，血管内血压较高，血浆内的某些物质经有孔内皮、基膜和足细胞裂孔膜滤入肾小囊腔，形成原尿。滤过屏障的这三层结构对大小不同分子的滤过起限制作用，正常情况下，原尿除不含大分子蛋白质外，其成分与血浆相似。

2. 何谓滤过膜？其构成及功能如何？

当血液流经肾小体血管球的毛细血管时，血浆内部分物质经有孔内皮、基膜和足细胞裂孔膜滤入肾小囊腔。这三层结构称滤过屏障。滤过屏障由有孔内皮、基膜和裂孔膜三层结构组成。基膜位于足细胞突起与毛细血管内皮细胞之间或足细胞突起与血管系膜之间，光镜下基膜为均质状，电镜下基膜可分为三层；中层为致密层，内、外层为透明层，分别由胶原蛋白和糖胺多糖组成，裂孔膜为一层薄膜，覆在足细胞突起之间的裂孔上。功能：滤过屏障的这三层结构对大小不同分子的滤过起限制作用，正常情况下，原尿除不含大分子蛋白质外，其成分与血浆相似。

3. 论述球旁复合体的组成及功能。

球旁复合体位于肾小体血管极附近，由球旁细胞、致密斑、球外系膜细胞组成。球旁细胞是入球微动脉靠近血管极处，管壁平滑肌细胞演变成上皮样细胞，该细胞可以分泌肾素，肾素可使血压升高。致密斑为远曲小管起始部，在靠近肾小体血管极侧的上皮细胞变高、密集排列而成的椭圆形斑状结构。致密斑为Na^+感受器，感受远端小管内Na^+浓度的变化。球外系膜细胞为出、入球微动脉与致密斑之间三角区的一群细胞，功能不清。

4. 列表比较泌尿小管各段的结构、功能和在肾内的分布。

	分　布	管　腔	上皮细胞	功　能
近端小管曲部	皮质迷路、肾柱	粗、管壁厚	立方或锥体形,界限不清,强嗜酸性	重吸收,分泌作用
近端小管直部	髓放线、髓质	粗、管壁厚	立方或锥体形,界限不清,强嗜酸性	重吸收,分泌作用
细段	髓放线、髓质	最细,管壁极薄	单层扁平,弱嗜酸性	H_2O,离子交换
远端小管直部	髓放线、髓质	较细,管壁较厚	立方形,着色浅,界限清楚	尿液浓缩,保Na^+排K^+
远端小管曲部	皮质迷路、肾柱	较细,管壁较厚	立方形,着色浅,界限清楚	尿液浓缩,保Na^+排K^+
集合管	髓放线、髓质	最粗	立方形,界限清楚,着色较深	重吸收作用

第18章 男性生殖系统

【本章重点内容】

1. 掌握睾丸的结构与功能；
2. 生精小管的结构与精子的发生；
3. 睾丸间质细胞的形态结构与功能。

【各型试题】

一、名词解释

1. 精子的形成。
2. 精子的发生。

二、填空题

1. 生精小管管壁由_____上皮构成，此种上皮由_____细胞和_____细胞构成。
2. 生精细胞包括_____、_____、_____、_____和_____。
3. 附睾主要由_____和_____组成。
4. 自青春期开始，精原细胞不断分裂增殖，可分为_____和_____两型细胞，前者是生精细胞的_____，后者分化为_____。
5. 血-睾屏障的功能是防止物质自由进出_____和防止_____抗原物质逸出。
6. 精子是在_____形成，形成后的排出途径依次是_____、_____、附睾、_____和_____。

三、单项选择题

1. 进行第一次减数分裂的生精细胞是（　　）。
   A. 精原细胞　　　　B. 初级精母细胞　　　C. 次级精母细胞
   D. 精子细胞　　　　E. 精子

2. 进行第二次减数分裂的生精细胞是（　　）。
   A. 精子细胞　　　　B. 精子　　　　　　　C. 次级精母细胞
   D. 精原细胞　　　　E. 初级精母细胞

3. 精子发生的干细胞是（　　）。
   A. 精子　　　　　　B. 精子细胞　　　　　C. 次级精母细胞
   D. 初级精母细胞　　E. 精原细胞

4. 分泌雄激素的细胞是（　　）。
   A. 精原细胞　　　　B. 睾丸间质细胞　　　C. 初级精母细胞
   D. 精子细胞　　　　E. 支持细胞

5. 分泌雄激素结合蛋白的细胞是（　　）。
   A. 精子细胞　　　　B. 初级精母细胞　　　C. 支持细胞
   D. 睾丸间质细胞　　E. 精原细胞

6. 经过形态变化演变为精子的细胞是（　　）。
   A. B 型精原细胞　　B. A 型精原细胞　　　C. 初级精母细胞
   D. 次级精母细胞　　E. 精子细胞

7. 分布于生精小管之间的细胞是（　　）。
   A. 精原细胞　　　　B. 支持细胞　　　　　C. 睾丸间质细胞
   D. 精子细胞　　　　E. 初级精母细胞

8. 经变态形成精子的是（　　）。
   A. A 型精原细胞　　B. 初级精母细胞　　　C. B 型精原细胞
   D. 精子细胞　　　　E. 次级精母细胞

9. 形成精子顶体的细胞器是（　　）。
   A. 中心体　　　　　B. 核糖体　　　　　　C. 线粒体
   D. 滑面内质网　　　E. 高尔基复合体

10. 不属于生精小管的细胞是（　　）。
    A. 支持细胞　　　　B. 间质细胞　　　　　C. 精原细胞
    D. 初级精母细胞　　E. 精子细胞

11. 在睾丸切片的生精小管上皮中不易见到的细胞是（　　）。
    A. 精子　　　　　　B. 精子细胞　　　　　C. 次级精母细胞
    D. 初级精母细胞　　E. 精原细胞

12. 下列关于睾丸结构的描述,错误的是(　　)。
    A. 白膜在睾丸后缘增厚形成纵隔
    B. 纵隔呈辐射状,深入睾丸内部,分隔形成锥形小叶
    C. 每个小叶内有1~4条生精小管
    D. 生精小管进入睾丸纵隔形成睾丸网
    E. 直精小管进入睾丸纵隔,相互吻合成网形成睾丸网

13. 睾丸的主要功能是(　　)。
    A. 产生精子
    B. 产生精子和分泌雄性激素
    C. 分泌雄激素结合蛋白
    D. 分泌雌激素
    E. 形成精液

14. 下列关于睾丸支持细胞结构的描述,错误的是(　　)。
    A. 呈长锥形,基部附于基膜,顶端达到腔面
    B. 核染色浅,核仁明显
    C. 核呈椭圆形或不规则形
    D. 细胞界限不清楚
    E. 细胞两侧及顶端无生精细胞嵌入

15. 下列关于睾丸支持细胞功能的描述,错误的是(　　)。
    A. 构成血-睾屏障
    B. 吞噬精子形成时丢失的胞质
    C. 为生精细胞提供营养
    D. 合成和分泌雄激素,促进精子发生
    E. 分泌少量液体有利于精子的输送

16. 下列关于血-睾屏障的描述,正确的是(　　)。
    A. 由支持细胞间的紧密连接构成
    B. 由生精小管的基膜和支持细胞的紧密连接构成
    C. 防止细菌侵入生精小管影响精子发生
    D. 血-睾屏障影响生精小管的雄激素浓度,不利于精子发生
    E. 由血管内皮及基膜、结缔组织、生精上皮基膜和支持细胞间紧密连接构成

17. 下列关于附睾管的描述,错误的是(　　)。
    A. 上皮具有吸收功能
    B. 上皮游离面的纤毛可以摆动,有助于精子的运动
    C. 上皮细胞分泌甘油磷酸胆碱,能增强精子的运动能力
    D. 上皮细胞能分泌糖蛋白

E. 附睾管的平滑肌收缩可以帮助精子运动
18. 下列关于前列腺的描述,错误的是( )。
   A. 腺泡上皮是由一种类型上皮构成
   B. 腺泡上皮形态不一
   C. 腺泡分泌物可形成圆形的凝固体
   D. 腺体的支架组织含有平滑肌细胞
   E. 凝固体钙化后称前列腺结石

四、问答题

1. 简述睾丸间质细胞的结构与功能。
2. 简述精子的发生过程。
3. 简述血-睾屏障的组成与功能。
4. 简述支持细胞的结构与功能。

【参考答案】

一、名词解释

1. 精子的形成:从圆形的精子细胞变态成为精子的过程。
2. 精子的发生:从精原细胞发育成为精子的过程。

二、填空题

1. 生精 生精 支持
2. 精原细胞 初级精母细胞 次级精母细胞 精子细胞 精子
3. 输出小管 附睾管
4. A B 干细胞 初级精母细胞
5. 生精上皮 精子
6. 生精小管 直精小管 睾丸网 输精管 射精管

三、单项选择题

1. B 2. C 3. E 4. B 5. C 6. E 7. C 8. D 9. E 10. B 11. C 12. D 13. B 14. E 15. D 16. E 17. B 18. A

四、问答题

1. 简述睾丸间质细胞的结构与功能。

睾丸间质细胞的结构:位于生精小管之间的疏松结缔组织内,呈圆形或卵圆形,体积较大,核圆,胞质嗜酸性。功能:分泌雄激素。

2. 简述精子的发生过程。

生精细胞包括精原细胞、初级精母细胞、次级精母细胞、精子细胞和精子,自青春期开始,从精原细胞到形成精子的过程称精子发生(spermatogenesis),经历了精原细胞的增殖、精母细胞的减数分裂和精子形成三个阶段。精原细胞分为A、B两型。A型精原细胞是生精细胞中的干细胞,B型精原细胞经过数次分裂后,分化为初级精母细胞。初级精母细胞经过DNA复制后,进行第一次减数分裂,形成两个次级精母细胞。次级精母细胞不进行DNA复制,迅速进入第二次减数分裂,产生两个精子细胞,核型为23,X或23,Y(1n DNA)。精子细胞不再分裂,经过复杂的变态,由圆形细胞逐渐转变为蝌蚪状的精子。

3. 简述血-睾屏障的组成与功能。

血-睾屏障的组成:包括睾丸间质中的毛细血管内皮及其基膜、结缔组织、生精上皮基膜和支持细胞侧突之间的紧密连接,其中紧密连接最重要。功能:防止物质自由进出生精上皮和防止精子等抗原物质逸出。

4. 简述支持细胞的结构与功能。

支持细胞的结构:光镜下核形态不规则,细胞轮廓不清。电镜下呈长锥体形,胞质内含有丰富的粗面内质网、滑面内质网,高尔基复合体、线粒体、溶酶体也较多,并富含脂滴,相邻支持细胞侧面近基部的胞膜形成紧密连接,将生精上皮分成基底室(basal compartment)和近腔室(abluminal compartment)两部分。功能:支持和营养生精细胞;分泌雄激素结合蛋白和抑制素;吞噬精子形成后遗留的残余胞质;参与血-睾屏障的组成。

第 19 章　女性生殖系统

【本章重点内容】

1. 掌握卵巢的结构；
2. 卵泡的发育成熟过程、排卵、黄体的形成、退化及功能；
3. 掌握子宫内膜的周期性变化及其与卵巢激素的关系。

【各型试题】

一、名词解释

1. 排卵。
2. 黄体。
3. 放射冠。
4. 月经周期。
5. 透明带。

二、填空题

1. 排卵排出的结构包括_____、_____、_____和_____。排卵的时间是_____。
2. 初级卵母细胞第一次减数分裂完成于_____，第二次减数分裂完成于_____。
3. 女婴出生时,卵巢内含许多_____,其卵母细胞为_____,它是由胚胎时期的_____分裂分化而成,随后即进行第一次减数分裂,但长期停留在_____,直至_____才完成,分裂后形成_____和_____。
4. 次级卵母细胞形成后即可进行_____,但停留在_____,若能_____,则可完成_____,形成_____和_____。
5. 黄体是由_____和_____构成,前者由_____分化形成,并分泌

_____;后者由_____分化形成,并与前者协同分泌_____。

6. 子宫由_____、_____和_____组成,其中前者可分为浅表的_____和深部的_____。

7. 排卵后在_____作用下,剩下的卵泡壁分化形成黄体,黄体合成分泌_____和_____,可使子宫内膜进入_____期。

8. 原始卵泡由一个_____细胞和周围一层扁平的_____组成。

9. 内膜可分为_____和_____,前者可以发生_____变化,并可接受_____的植入;后者功能是_____。

10. 子宫内膜分泌期又称_____期,此时卵巢内正是_____形成期,卵巢分泌的激素为_____和_____。

11. 排出的卵未受精,在卵巢内可形成_____黄体;排出的卵受精则形成_____黄体。后者可分泌_____、_____和_____。

12. 子宫内膜月经周期变化可分为_____、_____和_____。

13. 子宫内膜增生期又称_____期,此时卵巢内正是_____发育期,卵巢分泌的激素为_____。

三、单项选择题

1. 女性机体内能产生雄激素的细胞是(　　)。
   A. 肾间质细胞　　　　　B. 胰岛细胞　　　　　C. 肾上腺网状带细胞
   D. 肾上腺束状带细胞　　E. 垂体嗜酸性细胞

2. 次级卵泡中的卵母细胞是(　　)。
   A. 卵原细胞　　　　　　B. 初级卵母细胞　　　C. 次级卵母细胞
   D. 成熟卵细胞　　　　　E. 卵泡细胞

3. 形成放射冠的细胞是(　　)。
   A. 初级卵母细胞　　　　B. 次级卵母细胞　　　C. 卵原细胞
   D. 成熟卵细胞　　　　　E. 卵泡细胞

4. 下列关于次级卵泡的描述,错误的是(　　)。
   A. 内含一个次级卵母细胞
   B. 卵泡细胞间有空隙或存在卵泡腔
   C. 卵泡膜分内外两层
   D. 放射冠由一层柱状卵泡细胞形成
   E. 卵泡细胞层数增至6~12层

5. 初级卵母细胞完成第一次减数分裂是在(　　)。
   A. 青春期前　　　　　　B. 次级卵泡时期　　　C. 成熟卵泡形成时
   D. 排卵前36~48小时　　E. 受精时

6. 下列关于卵泡发育的描述,不正确的是(　　)。
   A. 经过原始卵泡、生长卵泡和成熟卵泡三个阶段
   B. 自青春期开始,所有的原始卵泡同时生长发育
   C. 每 28 天左右通常只有一个卵泡发育成熟
   D. 大部分卵泡退化为闭锁卵泡
   E. 闭锁卵泡见于卵泡发育的不同阶段
7. 下列关于黄体的描述,不正确的是(　　)。
   A. 以膜黄体细胞为主构成
   B. 血管丰富
   C. 维持的时间长短决定于卵细胞是否受精
   D. 黄体细胞均具有分泌类固醇激素细胞的结构特征
   E. 主要分泌孕激素和雌激素
8. 当子宫内膜处于增生早期时,卵巢内发生的主要变化是(　　)。
   A. 原始卵泡形成
   B. 黄体发育
   C. 卵母细胞完成第一次减数分裂
   D. 卵泡发育
   E. 卵泡成熟
9. 子宫内膜月经期发生的根本原因是(　　)。
   A. 雌激素水平急剧下降
   B. 雌激素水平和孕激素水平急剧下降
   C. 孕激素水平急剧下降
   D. 雌激素水平急剧上升
   E. 雌激素和孕激素水平急剧上升
10. 卵巢排卵时,子宫内膜处于(　　)。
    A. 月经期　　　　B. 增生早期　　　　C. 增生末期
    D. 分泌早期　　　E. 分泌晚期
11. 形成透明带的细胞是(　　)。
    A. 卵泡细胞　　　B. 卵原细胞　　　　C. 初级卵母细胞
    D. 卵泡细胞和卵原细胞　　　E. 卵泡细胞和初级卵母细胞
12. 次级卵母细胞完成第二次减数分裂的时间和部位是(　　)。
    A. 排卵前;卵巢内　　B. 受精前;输卵管外　　C. 排卵时;输卵管内
    D. 受精时;输卵管内　　E. 受精时;子宫腔内
13. 黄体的形成发生于(　　)。
    A. 闭锁卵泡增殖分化　　B. 晚期次级卵泡闭锁变化　　C. 间质腺增殖分化

D. 基质细胞增殖分化　　E. 排卵后残留的卵泡膜和卵泡壁增殖分化
14. 下列关于卵泡的描述,错误的是(　　)。
　　　A. 位于卵巢皮质　　　B. 自青春期开始发育　　　C. 每月有多个卵泡发育
　　　D. 双侧卵巢每月各排出一个卵细胞　　　　　　　　E. 45岁左右不再排卵
15. 下列关于原始卵泡的特点,错误的是(　　)。
　　　A. 分布于卵巢皮质浅部
　　　B. 数量最多,体积最小,结构最简单
　　　C. 由初级卵母细胞和卵泡细胞构成
　　　D. 由卵原细胞和卵泡细胞构成
　　　E. 卵泡细胞为单层扁平,位于卵泡表面
16. 次级卵泡中的卵母细胞是(　　)。
　　　A. 初级卵母细胞　　　B. 次级卵母细胞　　　C. 单倍体细胞
　　　D. 卵原细胞　　　　　E. 成熟的卵细胞
17. 关于卵泡膜内层细胞的描述,错误的是(　　)。
　　　A. 由卵泡周围结缔组织中梭形细胞发育形成
　　　B. 细胞体积大,为多边形或梭形
　　　C. 分布卵泡膜的内层
　　　D. 具有分泌固醇类腺细胞的超微结构特点
　　　E. 合成和分泌雌激素
18. 卵巢的间质腺是由(　　)形成的。
　　　A. 卵泡膜的外层细胞
　　　B. 卵泡周围的结缔组织细胞
　　　C. 卵泡细胞
　　　D. 闭锁次级卵泡的膜细胞
　　　E. 黄体细胞
19. 产生和分泌雌激素的细胞是(　　)。
　　　A. 颗粒黄体细胞
　　　B. 颗粒细胞和卵泡膜内层细胞协同作用产生
　　　C. 初级卵母细胞和卵泡细胞
　　　D. 次级卵母细胞和卵泡细胞
　　　E. 卵巢黄体细胞和间质腺
20. 下列关于黄体的描述,错误的是(　　)。
　　　A. 颗粒黄体细胞体积大,染色浅
　　　B. 月经黄体分泌松弛素
　　　C. 膜黄体细胞体积小,染色深

D. 黄体退化,由结缔组织代替

E. 妊娠黄体分泌松弛素

21. 没有内分泌功能的卵泡是(　　)。
    A. 原始卵泡　　　　　B. 初级卵泡和成熟卵泡　　　C. 初级卵泡和次级卵泡
    D. 次级卵泡和成熟卵泡　E. 次级卵泡和闭锁卵泡

22. 当子宫内膜为分泌期时,卵巢的结构是(　　)。
    A. 卵泡开始发育和成熟　B. 卵泡退化阶段　　　　C. 黄体正在形成和发育
    D. 黄体正在退化　　　　E. 卵泡膜正在形成

23. 直接使子宫内膜发生月经周期变化的激素是(　　)。
    A. 松弛素　　　　　　B. 雄激素　　　　　　　C. 雌激素和孕激素
    D. 促黄体生成素(LH)　　E. 卵泡刺激素(FSH)

24. 在月经周期中,子宫内膜(　　)。
    A. 增生期受卵泡分泌的雌激素作用,分泌期受黄体分泌的孕酮作用
    B. 增生期受黄体分泌的雌激素作用,分泌期受黄体分泌的孕酮作用
    C. 增生期受黄体分泌的孕酮作用,分泌期受黄体分泌的雌激素作用
    D. 增生期受卵泡分泌的孕酮作用,分泌期受黄体分泌的雌激素作用
    E. 增生期受黄体分泌的雌激素作用,分泌期受卵泡分泌的孕酮作用

25. 在月经周期中,子宫内膜与卵巢和垂体的关系是(　　)。
    A. 内膜增生期,垂体分泌LH,卵巢内卵泡生长
    B. 内膜增生期,垂体分泌FSH,卵巢内卵泡生长发育
    C. 内膜增生期,垂体分泌FSH,卵巢内黄体发育
    D. 内膜增生期,垂体分泌FSH,卵巢内卵泡退化
    E. 内膜增生期,垂体分泌LH,卵巢内黄体退化

26. 卵泡的颗粒层是指(　　)。
    A. 构成卵泡壁的颗粒细胞
    B. 构成卵丘的细胞
    C. 卵泡周围的结缔组织细胞
    D. 卵泡膜内层
    E. 以上都不是

27. 月经是由于血液中(　　)。
    A. 孕酮含量下降,引起子宫内膜功能层脱落
    B. 雌激素和孕激素含量骤降,引起子宫内膜全层脱落
    C. 雌激素和孕激素含量骤降,引起子宫内膜功能层脱落
    D. 促性腺激素含量降低,引起子宫内膜功能层脱落
    E. 雌、孕激素降低引起阴道上皮脱落

28. 下列关于初级卵泡结构的描述,错误的是(　　)。
   A. 卵泡体积增大
   B. 卵泡细胞由单层发育为多层
   C. 卵泡周围结缔组织形成一层卵泡膜
   D. 透明带由卵泡细胞形成,出现卵泡腔
   E. 卵泡细胞之间及卵泡细胞与初级卵母间有缝隙连接存在

四、问答题

1. 试述黄体的结构与功能。
2. 试述子宫内膜的周期性变化及与卵巢激素的关系。
3. 论述卵泡的发育与成熟。
4. 试述黄体的形成和退化。
5. 试述排卵的定义、时间和结果。

【参考答案】

一、名词解释

1. 排卵:成熟卵泡破裂,次级卵母细胞从卵巢排出的过程,称排卵。
2. 黄体:排卵后,在促黄体生成素(LH)的作用下,颗粒细胞分化为颗粒黄体细胞,膜细胞分化为膜黄体细胞,形成一个体积较大的内分泌细胞团,新鲜时呈黄色,故称黄体。
3. 放射冠:紧靠透明带的一层高柱状卵泡细胞呈放射状排列,称放射冠。
4. 月经周期:自青春期开始,子宫体与子宫底的功能层,在卵巢分泌的雌激素和孕激素的周期性作用下发生周期性变化,即每28天左右发生一次内膜剥脱、出血、修复和增生,称月经周期。
5. 透明带:在卵泡细胞与卵母细胞之间出现一层均质状的嗜酸性膜,称透明带。

二、填空题

1. 次级卵母细胞　透明带　放射冠　卵泡液　月经周期第14日左右
2. 排卵前　受精时
3. 原始卵泡　初级卵母细胞　卵原细胞　分裂前期　排卵前　次级卵母细胞　第一极体
4. 第二次减数分裂　分裂中期　受精　第二次减数分裂　成熟的卵细胞　第二极体
5. 颗粒黄体细胞　膜黄体细胞　颗粒细胞　孕激素　膜细胞　雌激素

6. 黏膜　肌层　外膜　功能层　基底层
7. 黄体生成素　孕激素　雌激素　分泌
8. 初级卵母　卵泡细胞
9. 功能层　基底层　月经周期　胚泡　增生和修复功能层
10. 黄体　黄体　孕激素　雌激素
11. 月经　妊娠　孕激素　雌激素　松弛素
12. 月经期　增生期　分泌期
13. 卵泡　卵泡生长　雌激素

三、单项选择题

1. C　2. B　3. E　4. A　5. D　6. B　7. A　8. D　9. B　10. C　11. E　12. D　13. E　14. D　15. D　16. A　17. E　18. D　19. B　20. B　21. A　22. C　23. C　24. A　25. B　26. A　27. C　28. D

四、问答题

1. 试述黄体的结构与功能。

黄体的结构:由颗粒黄体细胞和膜黄体细胞构成。功能:颗粒黄体细胞分泌孕激素,颗粒黄体细胞和膜黄体细胞共同分泌雌激素。

2. 试述子宫内膜的周期性变化及与卵巢激素的关系。

子宫内膜的周期性变化:自青春期开始,子宫体与子宫底部的功能层,在卵巢分泌的雌激素和孕激素的作用下发生周期性变化,即每28天左右发生一次内膜剥脱、出血、修复和增生,称月经周期。从月经的第1天起至下次月经的前1天为一个月经周期。在典型的28天周期中,第1~4天为月经期,第5~14天为增生期,第15~28天为分泌期。

增生期:在卵泡分泌的雌激素作用下,子宫内膜增生修复。

分泌期:排卵后,卵巢内出现黄体,在黄体分泌的雌激素、孕激素的作用下,子宫内膜进入分泌期,卵若受精,内膜继续增厚,发育为蜕膜;否则,进入月经期。

月经期:若排卵后未受精,卵巢内的月经黄体退化,血中雌激素和孕激素的水平下降,导致月经形成。

3. 论述卵泡的发育与成熟。

卵泡的发育分为原始卵泡、初级卵泡、次级卵泡和成熟卵泡。

原始卵泡:位于皮质浅层,数量多,体积小,由中央的一个初级卵母细胞和周围一层扁平的卵泡细胞构成。初级卵母细胞为球形,胚胎时期由卵原细胞分裂分化形成,并长期(12~50年不等)停滞在第一次减数分裂前期。

初级卵泡:卵泡细胞增生,由扁平变为立方或柱状,由单层变为多层,直至5,6层;形成放射冠;在卵泡细胞与卵母细胞之间出现一层均质状、嗜酸性的透明带;基质细胞向卵泡周围聚集形成卵泡膜。

次级卵泡：卵泡细胞增至6~12层，其中的小腔隙逐渐融合成卵泡腔，腔内充满卵泡液；卵母细胞、透明带、放射冠及部分卵泡细胞突入卵泡腔内形成卵丘；卵泡腔周围的卵泡细胞形成卵泡壁，称颗粒层；卵泡膜分化为内、外两层。

成熟卵泡：次级卵泡继续发育为成熟卵泡。在排卵前36~48小时，初级卵母细胞恢复并完成第一次减数分裂，形成一个次级卵母细胞和一个第一极体。次级卵母细胞迅速进行第二次减数分裂，停滞在分裂中期。

4. 试述黄体的形成和退化。

黄体形成：排卵后，在促黄体生成素（LH）的作用下，颗粒细胞分化为颗粒黄体细胞，膜细胞分化为膜黄体细胞，形成一个体积较大的内分泌细胞团，新鲜时呈黄色，故称黄体。

退化：如果受精，在绒毛膜促性腺激素（HCG）的刺激下，黄体继续发育，直径可达4~5cm，维持4~6个月，称为妊娠黄体。如果没有受精，黄体仅维持12~14天后退化，称月经黄体。黄体退化为白体。

5. 试述排卵的定义、时间和结果。

定义：成熟卵泡破裂，次级卵母细胞从卵巢排出的过程，称排卵。

时间：一般发生在月经周期的第14天。

结果：如次级卵母细胞在24小时内未受精，则退化消失；如受精，则完成第二次减数分裂，形成卵细胞和一个第二极体。

第 20 章 胚胎学绪论

【本章重点内容】

1. 掌握胚胎学的研究内容；
2. 掌握胚胎发育的分期；
3. 了解生殖工程学主要技术。

【各型试题】

一、名词解释

1. 胚胎学。
2. 描述胚胎学。

二、填空题

1. 人胚胎在母体子宫中的发育经历_____，可分为三个时期，即_____、_____、_____。
2. 生殖工程学主要技术有_____、_____、_____、_____或_____、_____和_____等。

三、单项选择题

1. 胚期是指(　　)。
   A. 受精卵形成~第2周
   B. 受精后第3周~第8周
   C. 受精卵形成~第8周末
   D. 受精后第3周~出生
   E. 受精后第9周~出生

2. 胎期是指( )。
   A. 受精卵形成~第2周
   B. 受精后第3周~第8周
   C. 受精卵形成~第8周末
   D. 受精后第3周~出生
   E. 受精后第9周~出生
3. 胚前期是指( )。
   A. 受精卵形成~第2周
   B. 受精后第3周~第8周
   C. 受精卵形成~第8周末
   D. 受精后第3周~出生
   E. 受精后第9周~出生

四、问答题

1. 试述胚胎学的分期及各期胎儿主要的特点。
2. 试述胚胎学主要的研究内容。

【参考答案】

一、名词解释

1. 胚胎学：是研究从受精卵发育为新个体的过程及其机理的一门学科,研究内容主要包括生殖细胞发生、受精、胚胎发育、胚胎与母体关系、先天畸形等。
2. 描述胚胎学：主要应用组织学和解剖学的方法观察胚胎发育的形态演变过程,是胚胎学的基础内容,包括外形的演变、从原始器官到永久性器官的演变、系统形成、细胞增殖、迁移和凋亡等。

二、填空题

1. 38周(约266天) 胚前期 胚期 胎期
2. 体外受精 早期胚胎培养 胚胎移植 卵质内单精子 细胞核注射 配子 胚胎冻存

三、单项选择题

1. C 2. E 3. A

四、问答题

1. 试述胚胎学的分期及各期胎儿主要的特点。

胚胎学可分为三个时期:胚前期、胚期和胎期。

胚前期:受精卵形成~第2周末。此期的主要变化是受精、卵裂、胚泡的形成和植入,二胚层胚盘的形成。

胚期:受精后第3周~第8周。此期末,胚的各器官、系统与外形发育初具雏形。

胎期:受精后第9周~出生。此期内胎儿逐渐长大,各器官、系统继续发育,多数器官出现不同程度的功能活动。

2. 试述胚胎学主要的研究内容。

胚胎学主要的研究内容包括:生殖细胞发生、受精、胚胎发育、胚胎与母体关系、先天性畸形等。

第 21 章　人胚发生和早期发育

【本章重点内容】

1. 了解精子获能的意义,掌握受精的过程及意义;
2. 掌握人胚胎前 3 周的发育过程及胚泡植入的过程;
3. 掌握人胚胎第 4 周至第 8 周的发育过程;
4. 掌握胎膜、蜕膜及胎盘的结构与功能。

【各型试题】

一、名词解释

1. 受精。
2. 桑椹胚。
3. 胚盘。
4. 植入。
5. 胎膜。
6. 胎盘屏障。
7. 胚泡。
8. 顶体反应。
9. 获能。
10. 透明带反应。

二、填空题

1. 受精是指_____和_____结合形成_____的过程。受精的部位多在_____。
2. 精子释放_____,溶蚀放射冠和透明带的过程称_____。
3. 精卵结合后,透明带_____分子结构变性,阻止其他精子穿越透明带,这一过程称_____。

4. 卵裂产生的子细胞称_____。

5. 胚泡由_____、_____和_____三部分组成。

6. 植入又称_____,约在受精后的第_____开始,至第_____完成。植入时的子宫内膜正处于_____期。

7. 植入部位通常是在_____和_____。若植入近子宫颈处,在此形成胎盘,称_____。若植入在子宫以外部位,称_____,最常见于_____。

8. 胚泡植入后,子宫内膜的功能层称为_____,分为三部分,即_____、_____和_____。

9. 在植入过程中,滋养层外层细胞互相融合,形成_____,内层细胞形成_____。

10. 二胚层胚盘由_____和_____组成。

11. 二胚层胚盘形成后,在上胚层和滋养层之间的腔隙称为_____,腔内液体为_____。

12. 下胚层周缘细胞向腹侧延伸形成的囊状结构称为_____。

13. 在第_____周末,三胚层胚盘形成,三个胚层均来源于_____。

14. 在脊索的头侧和原条的尾侧,各有一个薄膜状小区,分别称_____和_____。

15. 神经管闭合后,其头端发育迅速,膨大形成_____的原基;神经管的其余部分较细,为_____的原基。

16. 前神经孔未愈合将形成_____;后神经孔未愈合将形成_____。

17. 中枢神经系统的原基是_____;周围神经系统的原基是_____。

18. 脊索两侧的中胚层由内侧向外侧依次为_____、_____和_____。

19. 轴旁中胚层在脊索两侧分化为左右成对的块状细胞团,称_____,主要分化为_____、_____、_____。

20. 散在分布的中胚层细胞称为_____,分化为_____、肌组织和血管等。

21. 侧中胚层内部的小腔隙逐渐融合成一个大腔,称_____,此腔将侧中胚层分为两层,即_____和_____。

22. 胎膜包括_____、_____、_____、_____。

23. 胎盘的胎儿部是_____,母体部是_____。

24. 胎儿血和母体血在胎盘内进行物质交换所通过的结构,称_____或_____,它是由_____、_____、_____组成。

三、单项选择题

1. 两性生殖细胞受精部位一般在(　　)。
    A. 子宫 B. 阴道 C. 输卵管伞部
    D. 输卵管壶腹部 E. 输卵管峡部

2. 透明带在(　　)消失。
    A. 排卵期 B. 受精时 C. 卵裂开始时
    D. 桑椹胚期 E. 胚泡期

3. 下列不属于胎膜的结构是(　　)。
    A. 羊膜 B. 包蜕膜 C. 卵黄囊
    D. 绒毛膜 E. 尿囊

4. 构成胎盘的结构是(　　)。
    A. 壁蜕膜与丛密绒毛膜
    B. 包蜕膜与丛密绒毛膜
    C. 包蜕膜与平滑绒毛膜
    D. 基蜕膜与平滑绒毛膜
    E. 基蜕膜与丛密绒毛膜

5. 脊索的细胞来自于(　　)。
    A. 体节 B. 原条 C. 原结
    D. 原沟 E. 尿囊

6. 与仅发生获能的精子相比,进一步发生顶体反应的精子(　　)。
    A. 有完整的顶体 B. 无顶体 C. 活动能力变弱
    D. 活动能力变强 E. 以上都不对

7. 植入时子宫内膜处于(　　)。
    A. 月经期 B. 增生期 C. 分泌期
    D. 排卵期 E. 以上都不对

8. 植入时最先与子宫内膜接触的是(　　)。
    A. 透明带 B. 滋养层 C. 内细胞群
    D. 基蜕膜 E. 包蜕膜

9. 植入的正常部位是(　　)。
    A. 子宫底 B. 子宫体 C. 子宫颈
    D. A＋B E. 以上都不对

10. 滋养层细胞的补充来源于(　　)。
    A. 内细胞群 B. 合体滋养层 C. 细胞滋养层
    D. 子宫内膜 E. 以上都不对

11. 从受精后至第 8 周这段时期称为( )。
    A. 胚前期	B. 胚期	C. 胎期
    D. 围生期	E. 以上都不对
12. 精子的获能发生在( )。
    A. 生精小管	B. 直精小管	C. 附睾
    D. 女性生殖道	E. 以上都不对
13. 卵子的完全成熟发生在( )。
    A. 月经期	B. 增生期	C. 受精
    D. 排卵	E. 以上都不对
14. 受精完成的标志是( )。
    A. 顶体反应	B. 精卵细胞膜的接触	C. 精子完全进入卵细胞内
    D. 精卵细胞核的融合	E. 以上都不对
15. 透明带反应发生在( )。
    A. 顶体反应	B. 精卵细胞膜的接触	C. 精子进入卵细胞时
    D. 精卵细胞核的融合	E. 以上都不对
16. 遗传物质的重新组合发生在( )。
    A. 生殖细胞的成熟分裂	B. 受精过程中	C. A + B
    D. 胚胎发育过程中	E. 以上都不对
17. ( )不是受精的意义。
    A. 激发卵裂	B. 基因的遗传和变异	C. 决定性别
    D. 脱去透明带	E. 发生蜕膜反应
18. 滋养层开始出现于( )。
    A. 卵裂球	B. 桑椹胚	C. 胚泡
    D. 植入时	E. 受精时
19. 胚盘刚形成时是( )。
    A. 单个胚层	B. 两个胚层	C. 三个胚层
    D. 不规则	E. 以上都不对
20. 外胚层参与构成的腔是( )。
    A. 胚泡腔	B. 羊膜腔	C. 卵黄囊
    D. 胚外体腔	E. 以上都不对
21. 内胚层参与构成的腔是( )。
    A. 胚泡腔	B. 羊膜腔	C. 卵黄囊
    D. 胚外体腔	E. 以上都不对

22. 胚外体腔出现在( )。
    A. 内细胞群内　　　B. 胚泡腔内　　　C. 细胞滋养层内
    D. 合体滋养层内　　E. 以上都不对

23. 体蒂的胚层成分是( )。
    A. 外胚层　　　　　B. 内胚层　　　　C. 中胚层
    D. 胚外中胚层　　　E. 以上都不对

24. 原凹位于原条的( )。
    A. 头端　　　　　　B. 尾端　　　　　C. 中间
    D. 两侧　　　　　　E. 以上都不对

25. ①原条,②神经板,③脊索,④原沟等出现的顺序正确的是( )。
    A. ①②③④　　　　B. ①④②③　　　C. ①④③②
    D. ①③④②　　　　E. ②③④①

26. 胚盘完成三个胚层的形成时间大约是( )。
    A. 第2周末　　　　B. 第3周初　　　C. 第3周末
    D. 第4周末　　　　E. 第5周初

27. 三胚层期脊索头侧有一个无中胚层区,称为( )。
    A. 口咽膜　　　　　B. 泄殖腔膜　　　C. 生心区
    D. 前肠区　　　　　E. 以上都不对

28. 圆柱体胚体形成后,胚体位于( )。
    A. 羊膜腔　　　　　B. 卵黄囊　　　　C. 泄殖腔
    D. 胚内体腔　　　　E. 胚泡腔

29. ①神经管,②神经沟,③神经板,④脑等形成的顺序是( )。
    A. ①②③④　　　　B. ③②①④　　　C. ②①③④
    D. ③①②④　　　　E. ②③④①

30. 与神经嵴的发生同步形成的是( )。
    A. 神经板　　　　　B. 神经沟　　　　C. 神经褶
    D. 神经管　　　　　E. 以上都不对

31. 胚盘卷折主要是因为( )。
    A. 胚盘边缘向腹侧卷折
    B. 羊膜腔的演变
    C. 各部分生长速度的差异
    D. 卵黄囊的演变
    E. 以上都不对

32. 胚盘头侧的生长速度比尾侧( )。
    A. 快　　　　　　　B. 慢　　　　　　C. 相同

D. 稍微慢点　　　　　E. 都不对

33. 柱体胚体形成时,原始消化管(　　)。
    A. 完全封闭　　　　B. 头尾端封闭　　　　C. 头尾端开放
    D. 完全开放　　　　E. 都不对

34. 间充质来源于(　　)。
    A. 外胚层　　　　　B. 中胚层　　　　　　C. 内胚层
    D. 下胚层　　　　　E. 都不对

35. 体节来源于(　　)。
    A. 轴旁中胚层　　　B. 间介中胚层　　　　C. 侧中胚层
    D. 间充质　　　　　E. 胚外中胚层

36. 原始体腔来源于(　　)。
    A. 轴旁中胚层　　　B. 间介中胚层　　　　C. 侧中胚层
    D. 间充质　　　　　E. 胚外中胚层

37. 消化呼吸道的上皮组织来源于(　　)。
    A. 外胚层　　　　　B. 中胚层　　　　　　C. 内胚层
    D. 都不是　　　　　E. 胚外中胚层

38. 腺垂体来源于(　　)。
    A. 神经外胚层　　　B. 中胚层　　　　　　C. 内胚层
    D. 表面外胚层　　　E. 胚外中胚层

39. 真皮和骨骼肌来源于(　　)。
    A. 轴旁中胚层　　　B. 间介中胚层　　　　C. 侧中胚层
    D. 间充质　　　　　E. 胚外中胚层

40. 胎膜包括(　　)。
    A. 绒毛膜、羊膜、卵黄囊、尿囊和蜕膜
    B. 绒毛膜、羊膜、卵黄囊、尿囊和胎盘
    C. 绒毛膜、羊膜、卵黄囊、尿囊和脐带
    D. 绒毛膜、羊膜、卵黄囊、尿囊和体腔
    E. 以上都不对

41. 绒毛膜形成时的构成是(　　)。
    A. 滋养层和外胚层
    B. 滋养层和胚外中胚层
    C. 滋养层和内胚层
    D. 滋养层和胚内中胚层
    E. 以上都不对

42. 三级绒毛干的中轴结构组成主要是（　　）。
    A. 细胞滋养层　　　　B. 胚外中胚层　　　　C. 结缔组织和血管
    D. 合体滋养层　　　　E. 以上都不对
43. 绒毛间隙的血液属于（　　）。
    A. 胎儿血　　　　　　B. 母体血　　　　　　C. 混合血
    D. 静脉血　　　　　　E. 都不是
44. 参与组成胎盘的绒毛膜是（　　）。
    A. 平滑绒毛膜　　　　B. 丛密绒毛膜　　　　C. 羊膜
    D. 壁蜕膜　　　　　　E. 都不对
45. 羊膜在胚外体腔消失时与之相贴的结构是（　　）。
    A. 壁蜕膜　　　　　　B. 绒毛膜　　　　　　C. 包蜕膜
    D. 所有的蜕膜　　　　E. 基蜕膜
46. 脐带内的血管有（　　）。
    A. 一条动脉和一条静脉
    B. 一条动脉和两条静脉
    C. 两条动脉和两条静脉
    D. 两条动脉和一条静脉
    E. 以上都不对
47. 胎盘的胎儿面覆盖的是（　　）。
    A. 绒毛膜　　　　　　B. 羊膜　　　　　　　C. 丛密绒毛膜
    D. 胎盘隔　　　　　　E. 包蜕膜
48. 胎盘膜的早期构成正确的顺序是（　　）。
    A. 合体滋养层、细胞滋养层和基膜、薄层绒毛结缔组织及毛细血管基膜和内皮
    B. 合体滋养层、薄层绒毛结缔组织、细胞滋养层和基膜及毛细血管内皮和基膜
    C. 毛细血管内皮和基膜、细胞滋养层和基膜、薄层绒毛结缔组织及合体滋养层
    D. 合体滋养层、细胞滋养层和基膜、毛细血管内皮和基膜及薄层绒毛结缔组织
    E. 以上都不对
49. 胎盘膜在发育后期变薄仅剩下（　　）。
    A. 细胞滋养层和绒毛毛细血管内皮及两者的基膜
    B. 合体滋养层和绒毛毛细血管内皮及两者的基膜
    C. 合体滋养层及绒毛毛细血管内皮和基膜
    D. 细胞滋养层及绒毛毛细血管内皮和基膜
50. 在胎盘分泌的激素中，具有与黄体生成素类似作用的是（　　）。
    A. 绒毛膜促性腺激素　B. 绒毛膜促乳腺生长激素　C. 孕激素
    D. 雌激素　　　　　　E. 都不对

51. 羊膜穿刺进行细胞染色体检查提取的细胞是(　　)。
    A. 胎儿血细胞　　B. 母体的细胞　　C. 羊水内的细胞
    D. 都对　　E. 都不对
52. 人类的造血干细胞来源于(　　)。
    A. 绒毛膜　　B. 羊膜　　C. 卵黄囊
    D. 尿囊　　E. 脐带
53. 尿囊壁的胚外中胚层将形成(　　)。
    A. 造血干细胞　　B. 原始生殖细胞　　C. 脐血管
    D. 脐带　　E. 以上都不对
54. 排卵后,卵子的受精能力约保持(　　)。
    A. 6 小时　　B. 12 小时　　C. 36 小时
    D. 48 小时　　E. 60 小时
55. 精子在女性生殖道内的受精能力约保持(　　)。
    A. 6 小时　　B. 12 小时　　C. 1 天
    D. 2 天　　E. 3 天
56. 卵子完成第二次成熟分裂是在(　　)。
    A. 原始卵泡时期　　B. 初级卵泡时期　　C. 成熟卵泡时期
    D. 排卵后　　E. 受精时
57. 透明带消失在(　　)。
    A. 排卵后即刻　　B. 受精时　　C. 卵裂早期
    D. 桑椹胚时　　E. 植入前
58. 胚胎植入是在(　　)。
    A. 受精后　　B. 卵裂早期　　C. 桑椹胚时期
    D. 胚泡时期　　E. 胚盘分化时期
59. 胚盘内的中胚层是来自(　　)。
    A. 上胚层　　B. 下胚层　　C. 胚外中胚层
    D. 体蒂　　E. 滋养层
60. 胚盘的原条出现在(　　)。
    A. 上胚层头侧正中线　　B. 上胚层尾侧正中线　　C. 下胚层头侧正中线
    D. 下胚层尾侧正中线　　E. 中胚层尾侧正中线
61. 脊索是来自(　　)。
    A. 体节　　B. 体蒂　　C. 原条
    D. 原结　　E. 原凹
62. 能诱导外胚层形成神经板的是(　　)。
    A. 脊索　　B. 原条　　C. 原结

D. 体节　　　　　　E. 间介中胚层

63. 正常妊娠足月分娩时的羊水量是(　　)。
    A. 2 000~2 500mL　B. 1 500~2 000mL　C. 1 000~1 500mL
    D. 500~1 000mL　　E. 250~500mL

64. 神经嵴(　　)。
    A. 一条,位于神经管的腹侧
    B. 一对,位于神经管的背外侧
    C. 一对,位于神经管的腹侧
    D. 一对,位于体节的外侧
    E. 一条,位于脊索的腹侧

65. (　　)不是由内胚层分化而来的。
    A. 从咽至大肠的上皮　B. 气管至肺内的管道上皮　C. 甲状腺滤泡上皮
    D. 肝和胰的实质　　　E. 胸腺细胞

66. (　　)不是由中胚层分化而来的。
    A. 汗腺　　　　　　B. 血管　　　　　　C. 肌组织
    D. 软骨和骨　　　　E. 肾脏

67. 间充质是(　　)。
    A. 分散的外胚层细胞　B. 分散的中胚层细胞　C. 分散的内胚层细胞
    D. 分散的三胚层细胞　E. 细胞间质的总称

68. 胚胎成为圆柱状并初具人形是在受精后的(　　)。
    A. 第4周　　　　　B. 第6周　　　　　C. 第8周
    D. 第10周　　　　E. 第12周

69. 脐带形成后,包在脐带外面的是(　　)。
    A. 胚外中胚层　　　B. 羊膜　　　　　　C. 外胚层
    D. 绒毛膜　　　　　E. 卵黄囊

70. 将绒毛干固着在蜕膜上的结构是由(　　)形成的。
    A. 子宫内膜的血管　　B. 子宫上皮细胞　　C. 蜕膜细胞
    D. 细胞滋养层细胞　　E. 合体滋养层细胞

71. 组成胎盘的是(　　)。
    A. 基蜕膜与平滑绒毛膜　B. 包蜕膜与丛密绒毛膜　C. 包蜕膜与平滑绒毛膜
    D. 壁蜕膜与丛密绒毛膜　E. 基蜕膜与丛密绒毛膜

72. 胎儿娩出后剪断脐带,从脐带流出的血液是(　　)。
    A. 胎儿的动脉血和静脉血
    B. 母体的动脉血和静脉血
    C. 胎儿的动脉血和母体的静脉血

D. 胎儿的静脉血和母体的动脉血

E. 胎儿的动静脉血和母体的动静脉血

73. 胎盘内能分泌 HCG 等激素的细胞是(　　)。

A. 细胞滋养层　　　B. 合体滋养层　　　C. 蜕膜细胞

D. 内皮细胞　　　　E. 黏液结缔组织细胞

74. 胎盘分泌的绒毛膜促性腺激素的作用是(　　)。

A. 促进卵泡生长　　B. 促进卵泡排卵　　C. 促进卵母细胞成熟分裂

D. 促进黄体生长　　E. 使子宫平滑肌松弛

75. 性别的决定因素是(　　)。

A. 精子发生中成熟分裂情况

B. 卵子发生中成熟分裂情况

C. 受精时的卵子染色体组型

D. 受精时的精子染色体组型

E. 受精后胚胎早期发育中的激素作用

四、问答题

1. 试述三胚层胚盘的形成。
2. 简述植入的定义、时间、部位。
3. 论述神经外胚层的分化。
4. 论述神经管的形成和意义。
5. 论述胎盘的结构和功能。
6. 论述受精的定义、部位、条件和意义。

【参考答案】

一、名词解释

1. 受精:成熟获能后的精子与卵子结合成受精卵(即合子)的过程,称为受精。

2. 桑椹胚:受精后受精卵开始有丝分裂,即卵裂,卵裂产生的子细胞称卵裂球,到受精后第3天,卵裂球数达12~16个,共同构成一个实心胚,称桑椹胚。

3. 胚盘:在第2周胚泡植入的过程中,内细胞群的细胞增殖分化,逐渐形成圆盘状的胚盘,它由两个胚层组成,也称二胚层胚盘。邻近滋养层的一层柱状细胞为上胚层,靠近胚泡腔的一层立方细胞为下胚层。两个胚层紧贴,中间隔以基膜。胚盘是人体发生的原基。

4. 植入:胚泡在子宫底或子宫体逐渐埋入子宫内膜的过程称为植入。

5. 胎膜:胚胎发育过程中形成的临时性结构,包括绒毛膜、羊膜、卵黄囊、尿囊和脐带。它们对胚胎起保护、营养及物质交换等作用,有的对胚胎发育还有特殊意义。部分在分娩前退化,部分在分娩时与胎儿脱离。

6. 胎盘屏障:即胎盘膜,是胎儿血与母体血在胎盘内进行选择性物质交换所通过的结构。

7. 胚泡:桑椹胚的细胞继续分裂,当卵裂球数达到100个左右时,细胞间出现含液体的小腔隙,它们逐渐融合成一个大腔,此时透明带开始溶解,胚呈现为囊泡状,称胚泡。

8. 顶体反应:精子释放顶体酶,溶蚀放射冠与透明带,这个反应称为顶体反应。

9. 获能:精子通过子宫和输卵管时,其头部阻止顶体酶释放的糖蛋白被去除,从而使精子能够穿过卵子周围的放射冠和透明带,使精子获得了使卵子受精的能力,此现象称获能。

10. 透明带反应:精卵结合后,卵子胞质内的皮质颗粒释放酶类,使透明带结构发生变化,特别是使ZP3分子变性,不能与精子结合,从而阻止其他精子穿越透明带,这一过程称为透明带反应。

二、填空题

1. 精子 卵子 受精卵 输卵管壶腹部
2. 顶体酶 顶体反应
3. ZP3 透明带反应
4. 卵裂球
5. 滋养层 内细胞群 胚泡腔
6. 着床 5~6天 11~12天 分泌
7. 子宫体部 子宫底部 前置胎盘 宫外孕 输卵管
8. 蜕膜 基蜕膜 包蜕膜 壁蜕膜
9. 合体滋养层 细胞滋养层
10. 上胚层 下胚层
11. 羊膜腔 羊水
12. 卵黄囊
13. 3 上胚层
14. 口咽膜 泄殖腔膜
15. 脑 脊髓
16. 无脑儿 脊髓裂或脊柱裂
17. 神经管 神经嵴
18. 轴旁中胚层 间介中胚层 侧中胚层
19. 体节 真皮 骨骼肌 脊柱

第21章 人胚发生和早期发育

20. 间充质　结缔组织
21. 胚内体腔　体壁中胚层　脏壁中胚层
22. 绒毛膜　羊膜　卵黄囊　尿囊　脐带
23. 丛密绒毛膜　基蜕膜
24. 胎盘膜　胎盘屏障　合体滋养层　细胞滋养层及基膜　结缔组织　毛细血管基膜和内皮

三、单项选择题

1. D　2. E　3. B　4. E　5. C　6. B　7. C　8. B　9. D　10. C　11. B　12. D　13. C　14. D　15. C　16. C　17. D　18. C　19. B　20. B　21. C　22. B　23. D　24. A　25. C　26. C　27. A　28. A　29. B　30. C　31. C　32. A　33. C　34. B　35. A　36. C　37. C　38. D　39. A　40. C　41. B　42. C　43. B　44. B　45. B　46. D　47. B　48. A　49. B　50. A　51. C　52. C　53. C　54. C　55. C　56. E　57. E　58. D　59. A　60. B　61. E　62. A　63. C　64. B　65. E　66. A　67. B　68. C　69. B　70. D　71. E　72. A　73. B　74. D　75. D

四、问答题

1. 试述三胚层胚盘的形成。

第3周初,上胚层中轴线上部分上胚层细胞增殖较快,形成一条增厚区,称原条。原条头端略膨大,为原结。原条的中线出现浅沟,原结的中心出现浅凹,分别称原沟和原凹。原沟深部的细胞在上、下胚层之间向周边扩展迁移,一部分细胞则在上、下胚层之间形成一个夹层,称胚内中胚层,即中胚层;一部分细胞进入下胚层,并逐渐全部置换了下胚层的细胞,形成一层新的细胞,称内胚层。此时上胚层改称外胚层。第3周末,三胚层胚盘形成,三个胚层均起源于上胚层。

2. 简述植入的定义、时间、部位。

定义:胚泡埋入子宫内膜的过程称植入,又称着床。

时间:植入约于受精后第5～6天开始,于第11～12天完成。

部位:植入的部位通常在子宫的体部和底部,最多见于后壁。

异常部位:如植入发生在子宫颈,则形成前置胎盘,易造成难产和大出血。如在子宫外,称异位妊娠(宫外孕)。

3. 论述神经外胚层的分化。

神经板:背侧中线的外胚层增厚形成,也称神经外胚层。

神经沟:神经板中央凹陷。

神经褶:神经沟两侧隆起,第18天。

神经管:3周末,神经褶在神经沟中段靠拢,开始闭合形成神经管,是中枢神经系统的原基,4周末,前后神经孔闭合。

神经嵴:神经管两侧的纵行细胞索,是周围神经系统的原基。

4. 论述神经管的形成和意义。

第3周末,在脊索诱导下,其背侧中线的外胚层增厚形成神经板,这部分外胚层也称神经外胚层。神经板中央沿长轴向脊索方向凹陷,形成神经沟,神经沟两侧边缘隆起称神经褶,两侧神经褶在神经沟中段靠拢并愈合,愈合向头尾两端进展,最后在头尾两端各有一开口,分别称前神经孔和后神经孔,它们在第4周愈合,使神经沟完全封闭为神经管。神经管是中枢神经系统的原基,其头端演化为脑,尾端演化为脊髓。若前、后神经孔未愈合,将会分别导致无脑畸形和脊髓裂。

5. 论述胎盘的结构和功能。

胎盘为一圆盘状结构,有两个面,即胎儿面和母体面,前者表面光滑,因其表面覆盖着一层羊膜;后者粗糙不平,由若干不规则的浅沟分隔成15~30个小区,称胎盘小叶。胎盘由子体部和母体部构成,子体部是指丛密绒毛膜,母体部是指基蜕膜。胎盘的主要功能为物质交换和内分泌功能,分泌人绒毛膜促性腺激素、胎盘催乳素、孕激素和雌激素。

6. 论述受精的定义、部位、条件和意义。

定义:精子和卵子结合而生成受精卵的过程。

部位:受精地点多在输卵管壶腹部。

条件:① 精子必须获能。② 精子必须发育正常和有足够的数量。③ 精子和卵子必须在限定的时间内相遇。④ 男女生殖管道必须通畅。

意义:① 精子与卵子结合,恢复了细胞的二倍体核型;新个体既维持了双亲的遗传特点,又具有与亲代不完全相同的性状。② 受精决定新个体的性别。③ 受精使原本相对静止的卵子转入旺盛的能量代谢与生化合成,启动了胚胎发育的进程。

第 22 章　颜面和四肢的发生

【本章重点内容】

1. 掌握颜面与腭的形成过程及其先天性畸形；
2. 了解颈、肢体的发生过程及其先天性畸形。

【各型试题】

一、名词解释

1. 鳃弓。
2. 咽囊。
3. 口咽膜。
4. 额鼻突。
5. 鼻窝。
6. 外侧腭突。
7. 颈窦。
8. 腮器。
9. 腮膜。

二、填空题

1. 颜面发生的早期，原始口腔即口凹是由一个_____、一对_____和一对_____围成，其底是_____。
2. 前腭裂是由于_____和_____未愈合，正中腭裂是由于_____和_____未愈合所致。
3. 口凹内牙板的外胚层上皮向深部中胚层内生长，在上、下颌内各形成_____个突起，称_____，间充质从其底部进入，形成_____，其外胚层组织继而分化成为帽状的_____，周围的间充质形成_____，它们均是_____的原基。

4. 鼻板中央向深部凹陷为_____，其内、外侧的隆起分别称_____和_____，前者发育形成_____和_____，后者参与形成_____和_____。

5. 形成舌体的是一对_____，形成舌根的是一个_____，舌盲孔前方的一小部分是来自_____。

三、单项选择题

1. 人的鳃弓比较明显的是( )。
   A. 第1~2对　　　　B. 第1~3对　　　　C. 第1~4对
   D. 第2~4对　　　　E. 第2~5对

2. 参与形成颈部的鳃弓是( )。
   A. 第1~2对　　　　B. 第1~3对　　　　C. 第1~4对
   D. 第1~5对　　　　E. 以上都不对

3. 在颜面形成的早期,鼻板出现在( )。
   A. 额鼻突的上部,左右一对
   B. 额鼻突的下缘,左右一对
   C. 额鼻突的下缘,正中处一个
   D. 上颌突的上缘,左右一对
   E. 上颌突的上缘,正中处一个

4. 正中腭突来自( )。
   A. 内侧鼻突　　　　B. 外侧鼻突　　　　C. 上颌突
   D. 下颌突　　　　　E. 额鼻突

5. 腭的发生是( )。
   A. 正中腭突形成腭的大部
   B. 正中腭突和外侧腭突各形成腭的一半
   C. 外侧腭突形成腭的大部
   D. 外侧腭突形成腭的全部,正中腭突退化
   E. 正中腭突形成腭的全部,外侧腭突退化

6. 唇裂是由于( )。
   A. 两侧的上颌突未愈合
   B. 两侧的内侧鼻突未愈合
   C. 两侧的外侧鼻突未愈合
   D. 同侧的上颌突与内侧鼻突未愈合
   E. 同侧的上颌突与外侧鼻突未愈合

7. 面斜裂是由于( )。
   A. 两侧的上颌突未愈合
   B. 两侧的内侧鼻突未愈合
   C. 两侧的外侧鼻突未愈合
   D. 同侧的上颌突与内侧鼻突未愈合
   E. 同侧的上颌突与外侧鼻突未愈合
8. 颈窦出现在( )。
   A. 第1鳃弓与下方鳃弓之间
   B. 第2鳃弓与下方鳃弓之间
   C. 第3鳃弓与下方鳃弓之间
   D. 第4鳃弓与下方鳃弓之间
   E. 第5鳃弓与下方鳃弓之间
9. 牙骨质来自( )。
   A. 牙蕾   B. 牙乳头   C. 成牙本质细胞
   D. 牙囊   E. 以上都不对

四、问答题

1. 简述鳃器的组成和形成。
2. 简述口腔与鼻腔的形成。
3. 试述唇裂与腭裂是如何形成的。
4. 试述人胚颜面形成的过程。
5. 试述原始口、鼻腔的分隔。
6. 试述唇裂形成的原因。

【参考答案】

一、名词解释

1. 鳃弓:是胚体头端两侧,因间充质增生,形成背腹方向行走的棒状突,左右对称,共6对鳃弓,其中1~4对明显。由表面的外胚层与内面的中胚层组成。鳃弓将参与颜面和颈的形成。

2. 咽囊:是原始消化管头端(原始咽)两侧壁内胚层向外膨出形成左右对称的囊状结构,共5对,正好与鳃沟相对应,两者之间仅隔以鳃膜。咽囊内胚层是多种重要器官的发生原基。

3. 在脊索的头侧有一个无中胚层的区域,此处的内、外胚层直接相贴,呈薄膜状,称口咽膜。随着胚盘的卷折和发育,口咽膜构成口凹的底,口咽膜于第4周中破裂,原始口腔与原始咽相通。

4. 额鼻突:是胚胎头端正中的一个大的圆形突,是脑泡与脑泡腹侧的间充质增生形成。在颜面的发生中,额鼻突形成前额、鼻梁、鼻尖。

5. 鼻窝:额鼻突下缘两侧,局部外胚层组织增生变厚,形成左右一对鼻板,鼻板中央凹陷为鼻窝。鼻窝将演变为原始鼻腔。

6. 外侧腭突:为左右上颌突向原始口腔内长出的一对扁平突起,在中线愈合后形成腭的大部。其前缘与正中腭突汇拢愈合,二者正中交会处残留切齿孔。

7. 颈窦:是在颈的形成过程中,第2鳃弓向尾侧迅速生长,覆盖在第3、4鳃弓的外表面,其间的间隙称颈窦,以后闭锁消失。如颈窦未完全闭锁而形成囊肿称颈囊,如颈囊开口于体表或与咽相通即成为颈瘘。

8. 鳃器:是鳃弓、鳃沟、鳃膜与咽囊的总称。

9. 鳃膜:是咽囊顶部与相应鳃沟底部共同形成的薄膜,由外胚层、间充质和内胚层构成。

二、填空题

1. 额鼻突 上颌突 下颌突 口咽膜
2. 正中腭突 外侧腭突 左外侧腭突 右外侧腭突
3. 10 牙蕾 牙乳头 造釉器 牙囊 乳牙
4. 鼻窝 内侧鼻突 外侧鼻突 人中 上唇正中部 鼻外侧壁 鼻翼
5. 侧舌突 联合突 奇结节

三、单项选择题

1. C 2. E 3. B 4. A 5. C 6. D 7. E 8. B 9. D

四、问答题

1. 简述鳃器的组成和形成。

鳃器包括鳃弓、鳃沟、鳃膜和咽囊四部分。鳃弓:胚体头端两侧,因间充质增生,形成背腹方向行走的棒状突,左右对称,共6对鳃弓,其中1~4对明显。由表面的外胚层与内面的中胚层组成。鳃沟:相邻鳃弓之间的沟称鳃沟,共5对。咽囊:原始消化管头端(原始咽)两侧壁内胚层向外膨出形成左右对称的囊状结构,共5对,正好与鳃沟相对应,两者之间仅隔以鳃膜。人胚的鳃器存在时间短暂,鳃弓将参与颜面和颈的形成;咽囊内胚层则是多种重要器官的发生原基。人胚早期鳃器的出现,是个体发生重演种系发生的现象,也是生物进化与人类起源的佐证。

2. 简述口腔与鼻腔的形成。

当同侧上、下颌突分叉处向中线方向生长时,形成颊、口裂变小。口凹成为原始口腔。原始口腔与原始鼻腔开始是相通的,由于腭的形成而再次分隔,成为永久口腔和鼻腔。腭起源于正中腭突和外侧腭突两部分,从第5周开始发生,至第12周完成。正中腭突为左、右内侧鼻突愈合后,向原始口腔内长出一个短小的突起,形成腭前部的一小部分。外侧腭突为左右上颌突向原始口腔内长出的一对扁平突起,在中线愈合后形成腭的大部。其前缘与正中腭突汇拢愈合,二者正中交会处残留切齿孔。以后,腭前部骨化为硬腭,后部则为软腭,后缘正中组织增生突起形成腭垂。

3. 试述唇裂与腭裂是如何形成的。

唇裂与腭裂均为颜面的常见先天畸形。唇裂是最常见的颜面畸形,多因上颌突与同侧的内侧鼻突未愈合所致,故裂沟位于人中外侧。多为单侧,也可见双侧者。如左、右侧内侧鼻突未愈合,可形成上唇正中唇裂。唇裂可伴有腭裂。

腭裂也较常见,呈现多种类型。有因正中腭突与外侧腭突未愈合而致的前腭裂(单侧或双侧,常伴发唇裂);有因左、右外侧腭突未愈合所致的正中腭裂;还有两者复合的完全腭裂。

4. 试述人胚颜面形成的过程。

颜面的发生演化:胚胎发生的第4～5周,胚体颜面由额鼻突、左右上颌突、左右下颌突以及这五个突起包围的口凹构成。额鼻突(一个)是头端正中的一个大的圆形突,是脑泡与脑泡腹侧的间充质增生形成。上颌突(一对)和下颌突(一对)位于左右两侧,为第1鳃弓腹侧份分叉而成。口凹即原始口腔,它的底是口咽膜,口咽膜于第4周中破裂,原始口腔与原始咽相通。在额鼻突下缘两侧,局部外胚层组织增生变厚,形成左右一对鼻板,鼻板中央凹陷为鼻窝。鼻窝周缘的间充质增生而突起,鼻窝内侧的称内侧鼻突,外侧的称外侧鼻突。鼻窝将演变为原始鼻腔。

颜面的演化是从两侧向正中方向发展的。(1)上颌突与内侧鼻突愈合形成上颌与上唇的外侧部分;内侧鼻突的下缘向下延伸形成人中及上唇正中部分。(2)外侧鼻突与上颌突愈合处形成鼻泪管,外侧鼻突形成鼻翼。(3)额鼻突形成前额、鼻梁、鼻尖。(4)左右下颌突愈合形成下颌与下唇。(5)眼原基由侧面移向腹面。(6)第1鳃沟分化为外耳道,第1鳃膜成为鼓膜,第1鳃沟周围的间充质增生成几个小结节,发育为耳郭且逐渐上移。(7)同侧上、下颌突分叉处向中线方向生长,形成颊、口裂变小。口凹成为原始口腔。到第二月末颜面初步形成。

5. 试述原始口、鼻腔的分隔。

原始口、鼻腔的分隔:由额鼻突、左右上颌突及已愈合的左右下颌突围成原始口腔。原始口腔的开口起初宽大;随着两侧上、下颌突向中线汇拢及上、下唇的形成,口裂变小。鼻凹向深部扩大,形成原始鼻腔。腭形成后,原始口腔被分隔成口腔和鼻腔。

6. 试述唇裂形成的原因。

唇裂的发生:多因上颌突与同侧的内侧鼻突未愈合所致,裂沟位于人中外侧。如果左、右内侧鼻突未愈合,或两侧下颌突未愈合,则导致上唇或下唇的正中唇裂。如果内侧鼻突发育不良,则导致人中缺损,出现正中宽大唇裂。

第23章 消化系统和呼吸系统的发生

【本章重点内容】

1. 了解原肠的形成和分化；
2. 掌握消化管的发生和先天性畸形；
3. 掌握肝、胆囊、胰腺的发生；
4. 了解呼吸系统的发生。

【各型试题】

一、名词解释

1. 原始消化管。
2. 泄殖腔。
3. 肝憩室。
4. 麦克尔憩室。
5. 先天性脐疝。

二、填空题

1. 原始消化管分＿＿＿＿＿、＿＿＿＿＿和＿＿＿＿＿三段，前端与＿＿＿＿＿相接处有＿＿＿＿＿封闭；后端与＿＿＿＿＿相接处，以＿＿＿＿＿封闭。

2. 在胚胎第＿＿＿＿＿周，中肠袢突入脐腔，形成＿＿＿＿＿。于第＿＿＿＿＿周，中肠袢从脐腔返回腹腔，在此过程中，肠袢以＿＿＿＿＿为轴作＿＿＿＿＿方向旋转。

3. 后肠末端的膨大部分，称＿＿＿＿＿，于第6~7周时被＿＿＿＿＿分为两部分：腹侧为＿＿＿＿＿。

三、单项选择题

1. 被包卷形成原始消化管的是（　　）。
   A. 外胚层　　　　　　B. 中胚层　　　　　　C. 内胚层
   D. 胚外中胚层　　　　E. 胚外体腔
2. 中肠袢在发育演变中共逆时针旋转（　　）。
   A. 90°　　　　　　　B. 180°　　　　　　　C. 270°
   D. 360°　　　　　　 E. 450°
3. 中肠袢逆时针旋转时围绕的纵轴是（　　）。
   A. 卵黄蒂　　　　　　B. 脐正中韧带　　　　C. 腹腔动脉
   D. 肠系膜上动脉　　　E. 肠系膜下动脉
4. 胚胎期的生理性脐疝发生于（　　）。
   A. 人胚第2周　　　　B. 人胚第4周　　　　C. 人胚第6周
   D. 人胚第8周　　　　E. 人胚第10周
5. 先天性脐疝产生的原因是（　　）。
   A. 卵黄蒂未退化　　　B. 脐腔未闭锁　　　　C. 卵黄囊基部未退化
   D. 尿囊未退化　　　　E. 卵黄蒂近端未退化
6. 麦克尔憩室又称（　　）。
   A. 十二指肠憩室　　　B. 空肠憩室　　　　　C. 回肠憩室
   D. 结肠憩室　　　　　E. 盲肠憩室
7. 回肠憩室产生是由于（　　）。
   A. 卵黄囊未退化　　　B. 卵黄蒂基部未退化　C. 尿囊未退化
   D. 尿囊基部未退化　　E. 脐腔未闭锁
8. 脐粪瘘的产生是由于（　　）。
   A. 尿囊基部未退化　　B. 尿囊未退化　　　　C. 卵黄蒂未退化
   D. 卵黄蒂基部未退化　E. 脐腔未闭锁
9. 肛管下段由（　　）演变而来。
   A. 肛凹　　　　　　　B. 原始直肠　　　　　C. 尿生殖窦
   D. 中肠袢尾支　　　　E. 泄殖腔
10. 后肠末端膨大部分称为（　　）。
    A. 原始直肠　　　　　B. 原肛　　　　　　　C. 尿生殖窦
    D. 泄殖腔　　　　　　E. 尿囊
11. 肛管上端上皮与肛管下段上皮的分界线为（　　）。
    A. 齿状线　　　　　　B. 白线　　　　　　　C. 痔环
    D. 肛门内括约肌　　　E. 肛门外括约肌

12. 肛管下段上皮来源于( )。
    A. 内胚层　　　　　B. 外胚层　　　　　C. 胚内中胚层
    D. 胚外中胚层　　　E. 间充质
13. 肛管上段上皮来源于( )。
    A. 内胚层　　　　　B. 外胚层　　　　　C. 胚内中胚层
    D. 胚外中胚层　　　E. 间充质
14. 肺泡上皮来自( )。
    A. 内胚层　　　　　B. 外胚层　　　　　C. 胚内中胚层
    D. 胚外中胚层　　　E. 间充质

四、问答题

1. 简述原始消化管的形成和各段分化形成的消化器名称。
2. 简述胰腺的发生过程。
3. 简述泄殖腔的分隔和演变。
4. 试述消化系统的常见畸形。

【参考答案】

一、名词解释

1. 原始消化管：由卵黄囊顶部的内胚层卷入胚体内形成，分为前肠、中肠和后肠三段。
2. 泄殖腔：为后肠末端的膨大部分，其腹侧与尿囊相连，腹侧尾端以泄殖腔膜封闭。
3. 肝憩室：由前肠末端腹侧壁的上皮增生形成，是肝、胆的原基。肝憩室末端膨大为头、尾两支，头支是形成肝的原基，尾支是形成胆囊及胆道的原基。
4. 麦克尔憩室：由于卵黄蒂近端未退化闭锁所致，表现为回肠壁上距回盲部40~50cm处的囊状突起。
5. 先天性脐疝：由于脐腔未闭，导致脐部与腹腔相通，腹内压增高时，肠管从脐部膨出形成脐疝。

二、填空题

1. 前肠　中肠　后肠　口凹　口咽膜　肛凹　泄殖腔膜
2. 6　生理性脐疝　10　肠系膜上动脉　逆时针
3. 泄殖腔　尿直肠隔　尿生殖窦

三、单项选择题

1. C 2. C 3. D 4. C 5. B 6. C 7. B 8. C 9. A 10. D 11. A 12. B 13. A 14. A

四、问答题

1. 简述原始消化管的形成和各段分化形成的消化器名称。

原始消化管由3~4周时胚的卵黄囊顶部的内胚层包卷入胚体而成,分前肠、中肠和后肠三段。前肠分化形成咽、食管、胃、十二指肠的上段、肝、胆、胰以及喉以下的呼吸系统;中肠分化形成从十二指肠中段至横结肠右2/3部的肠管;后肠分化形成从横结肠左1/3部至肛管上段的肠管。

2. 简述胰腺的发生过程。

第4周末,前肠末端腹侧近肝憩室的尾缘的内胚层上皮增生,向外突出形成腹胰芽,其对侧上皮增生形成背胰芽,它们将分别形成腹胰和背胰。随后,由于胃和十二指肠的旋转及肠壁的不均等生长,腹、背胰合并形成胰腺。在发育过程中,胰芽反复分支形成各级导管和胰泡,部分上皮细胞脱离导管系统,游离形成胰岛。

3. 简述泄殖腔的分隔和演变。

后肠末端的膨大部分为泄殖腔,其腹侧与尿囊相连,尾端以泄殖腔膜封闭。尿囊与后肠之间的间充质增生,形成尿直肠隔。尿直肠隔突入泄殖腔内,最后与泄殖腔膜愈合,将泄殖腔分割为腹侧的尿生殖窦与背侧的原始直肠。尿生殖窦将参与泌尿生殖管道的形成,原始直肠分化为直肠和肛管上段。泄殖腔膜分为腹侧的尿生殖膜和背侧的肛膜。肛膜的外方为外胚层向内凹陷形成的肛凹,肛管的上段上皮来自内胚层,下段上皮来自外胚层,两者之间以齿状线分界。

4. 试述消化系统的常见畸形。

(1) 先天性脐疝:由于脐腔未闭锁,脐部残留一孔与腹腔相通。当腹内压增高时,肠管从脐部膨出。

(2) 麦克尔憩室:又称回肠憩室,为回肠壁上距回盲部约40~50cm处的囊状突起,是由于卵黄蒂近端未退化闭锁所致。

(3) 脐粪瘘:又称脐瘘,由于卵黄蒂未退化,在脐和肠之间残留一瘘管所致。

(4) 不通肛:又称肛门闭锁,由于肛膜未破或肛凹未能与直肠相通所致,常因尿直肠隔发育不良而伴有直肠尿道瘘。

(5) 先天性巨结肠:由于神经嵴细胞未能迁移至该段结肠壁中,使肠壁内副交感神经节细胞缺损,肠壁收缩乏力,肠腔内容物淤积而导致肠管扩张。

第 24 章　泌尿系统和生殖系统的发生

【本章重点内容】

1. 了解前肾和中肾的发生；
2. 掌握后肾的发生及其先天性畸形；
3. 了解尿生殖窦的形成、演变及先天性畸形；
4. 了解生殖腺的发生及其性分化的机理；
5. 了解生殖道与外生殖器性的分化机理及其先天性畸形。

【各型试题】

一、名词解释

1. 生肾索。
2. 尿生殖嵴。
3. 后肾。
4. 中肾旁管。
5. 先天性腹股沟疝。

二、填空题

1. 尿生殖嵴是由_____的组织增生形成，在胚体后壁形成左右一对纵行隆起，是发生形成_____、_____和_____的原基。此嵴继而分为内外两部分，内侧部分为_____，外侧部分为_____。

2. 尿生殖窦分为三段，上段演变为_____，中段演变为女性的_____或者男性的_____与_____，下段在女性扩大为_____，在男性则演变为_____的大部。

三、单项选择题

1. 生肾索形成是在胚胎的（　　）。
   A. 第3周　　　　　　B. 第4周　　　　　　C. 第5周
   D. 第6周　　　　　　E. 第7周
2. 生肾索来源于（　　）。
   A. 体节　　　　　　　B. 间介中胚层　　　　C. 体壁中胚层
   D. 脏壁中胚层　　　　E. 尿生殖嵴
3. 前肾开始发生在（　　）。
   A. 第4周初　　　　　B. 第4周末　　　　　C. 第5周初
   D. 第5周末　　　　　E. 第6周初
4. 中肾开始发生在（　　）。
   A. 第4周初　　　　　B. 第4周末　　　　　C. 第5周初
   D. 第5周末　　　　　E. 第6周初
5. 后肾开始发生在（　　）。
   A. 第4周初　　　　　B. 第4周末　　　　　C. 第5周初
   D. 第5周末　　　　　E. 第6周初
6. 后肾起源于（　　）。
   A. 前肾管　　　　　　B. 中肾管　　　　　　C. 中肾旁管
   D. 泄殖腔　　　　　　E. 输尿管芽和生后肾原基
7. 肾单位来源于（　　）。
   A. 输尿管芽　　　　　B. 肾被膜
   C. 输尿管芽和生后肾原基
   D. 生后肾原基的内侧部分
   E. 生后肾原基的外侧部分
8. 输尿管芽头端膨大、分支形成（　　）。
   A. 肾单位　　　　　　B. 集合管和肾单位　　C. 肾盂、肾盏和集合管
   D. 近端小管、远端小管和细段　　E. 肾盂、肾盏、集合管和肾单位
9. 泄殖腔的分隔是在（　　）。
   A. 第3周到第4周　　B. 第3周到第6周　　C. 第4周到第7周
   D. 第4周到第6周　　E. 第5周到第8周
10. 膀胱黏膜上皮是由（　　）。
    A. 外胚层分化而来　　B. 中胚层分化而来　　C. 内胚层分化而来
    D. 内胚层和中胚层共同分化而来　　E. 外胚层和内胚层共同分化而来

11. 生殖腺嵴发生在（　　）。
    A. 第3周初　　　　　B. 第4周初　　　　　C. 第5周初
    D. 第6周初　　　　　E. 第7周初
12. 原始生殖细胞来源于（　　）
    A. 睾丸和卵巢　　　B. 生殖腺索　　　　C. 体腔表面上皮
    D. 皮质索　　　　　E. 原始消化管尾端尿囊起始处的内胚层细胞
13. 生殖腺向睾丸分化是在胚胎（　　）。
    A. 第6周　　　　　　B. 第7周　　　　　　C. 第8周
    D. 第9周　　　　　　E. 第10周
14. 生殖腺向卵巢分化是在胚胎（　　）。
    A. 第6周　　　　　　B. 第7周　　　　　　C. 第8周
    D. 第9周　　　　　　E. 第10周
15. 胚胎原始卵泡开始形成于（　　）。
    A. 第13周　　　　　　B. 第14周　　　　　　C. 第15周
    D. 第16周　　　　　　E. 第17周
16. 胚胎时期睾丸间质细胞来源于（　　）。
    A. 原始生殖细胞　　　B. 间充质　　　　　　C. 白膜
    D. 生殖腺索　　　　　E. 精原细胞
17. H-y抗原的基因位于（　　）。
    A. 原始生殖细胞的细胞质内
    B. 精子的细胞质内
    C. 原始生殖细胞Y染色体的长臂上
    D. 原始生殖细胞Y染色体的短臂上
    E. 原始生殖细胞的细胞膜上
18. 睾丸下降入阴囊是在（　　）。
    A. 第5个月　　　　　B. 第6个月　　　　　C. 第7个月
    D. 第8个月　　　　　E. 第9个月

四、问答题

1. 简述后肾的发生过程。
2. 简述中肾管与中肾旁管的来源及其演变。

【参考答案】

一、名词解释

1. 生肾索：是生肾节尾段的索状结构，由间介中胚层分化形成。
2. 尿生殖嵴：为胚中轴两侧向胚内体腔凸出的对称性纵行索条，由生肾索增生形成。
3. 后肾：为人体的永久肾，起源于输尿管芽和生后肾组织。
4. 中肾旁管：是由中肾嵴体腔上皮凹陷闭合而成的成对管道，其起始部开口于体腔，两管的下段为盲端，合并后突入尿生殖窦的背侧壁，在窦腔内形成窦结节。
5. 先天性腹股沟疝：是因腹腔与鞘膜腔之间的通路未能闭合所致。当腹内压增高时，部分肠管可突入鞘膜腔，从而形成疝。

二、填空题

1. 间介中胚层　肾脏　卵巢　睾丸　生殖腺嵴　中肾嵴
2. 膀胱　尿道　尿道前列腺部　膜部　阴道前庭　尿道海绵体部

三、选择题

1. B　2. B　3. A　4. B　5. C　6. E　7. D　8. C　9. C　10. D　11. C　12. E　13. B　14. E　15. A　16. B　17. D　18. D

四、问答题

1. 简述后肾的发生过程。

第5周初，中肾管末段近泄殖腔处向背侧头端发出一盲管，为输尿管芽，它长入中肾嵴尾端，在其诱导下，中肾嵴细胞向它聚集包围，形成生后肾组织。输尿管芽在中肾嵴内继续向头端延伸，反复分支12级以上。起始分支扩大合并为肾盂，第3、4级分支扩大合并为肾盏，其余的分支演变为集合管。集合管末端T形分支，弓形盲端被帽状生后肾组织覆盖。后者演化为S形小管，一端膨大凹陷成双层肾小囊，包绕毛细血管球形成肾小体，其余部分弯曲延长形成肾小管，末端与弓形集合管相通。

2. 简述中肾管与中肾旁管的来源及其演变。

中肾管来源于前肾管。当前肾退化时，中肾在生肾索内发生。当中肾小管的外侧与向尾端走行的前肾管相通时，前肾管改称中肾管。如果胚胎向男性方向分化，在睾丸支持细胞产生的抗中肾旁管激素的作用下使中肾旁管退化。睾丸间质细胞分泌的雄激素使中肾管的头端形成附睾管，中段演化为输精管，尾段形成精囊和射精管。

中肾旁管是由中肾嵴处的体腔上皮凹陷后闭合而成。如果胚胎向女性方向分化，由于缺乏雄激素，中肾管退化；又由于无抗中肾旁管激素的抑制作用，中肾旁管进一步发育，其上段和中段演化为输卵管；下段左、右合并为子宫及阴道穹窿部。

第 25 章 心血管系统的发生

【本章重点内容】

1. 掌握心脏的发生以及心脏和大血管的先天性畸形；
2. 掌握胎儿血循环的途径、特点及生后改变。

【各型试题】

一、名词解释

1. 球室袢。
2. 心内膜垫。
3. 卵圆孔。
4. 法洛四联症。

二、填空题

1. 卵黄囊壁的胚外中胚层出现的许多细胞团称为_____,其周边的细胞分化为_____,中央的细胞分化为_____。
2. 人胚心脏发生的原基最先出现在口咽膜头侧的中胚层内,称为_____,其内发生形成一腔隙和一对细胞索,前者称为_____,后者称为_____,后者分化形成一对_____。当其随胚体发生卷褶转到原始咽的腹侧时,前者在后者的_____。
3. 早期胚胎的原始血管的动脉包括原始消化管背侧的一对_____,以及由它发出的数对_____分布于卵黄囊,一对_____分布于绒毛膜,胚胎头端还有6对_____。
4. 心球的头侧段与_____相连,尾侧段演变为_____。
5. _____被吸收并入右心房,成为右心房的光滑部,_____的根部及其左右属支被吸收并入左心房,成为左心房的光滑部。

6. 房室管被一对_____分隔为_____和_____,局部间充质增生突向腔内,形成心脏的_____和_____。

7. 心管的内皮管道周围的_____逐渐密集,形成一层较厚的组织称为_____,它后来分化为心脏的_____和_____。

8. 胚胎早期静脉窦左、右角分别对称地与3对静脉通连,它们从外向内依次为_____、_____和_____。后_____萎缩变小,_____扩大。

9. 法洛四联症的心脏畸形包括_____、_____、_____和_____。

10. 心室底部向上生长出一较厚的隔,称为_____,此隔与心内膜垫之间的小孔称为_____,后由_____,_____,_____等三个部分融合,形成薄膜状的_____封闭了此孔。

11. 胎儿血循环的特点是:有通往胎盘的两条_____和一条_____;肝内有一条_____;房间隔上有_____,血液可从_____流向_____;肺动脉和主动脉弓之间连有一条_____。

12. 胎儿出生后的血循环变化是:从脐至肝的_____血管闭锁形成_____,肝内的一段_____血管闭锁形成_____,从髂内动脉至脐的_____血管闭锁形成_____,左肺动脉与主动脉弓之间的_____闭锁形成_____。

13. 人胚的心球与动脉干的内膜增生,形成一对纵嵴,下段称为_____,上段称为_____,它们在中线融合,形成_____,此隔呈_____行走,将心球与动脉干分为_____和_____。

三、单项选择题

1. 心脏最先发生的原基是(　　)。
   A. 一对围心腔　　　　B. 一对生心板　　　　C. 口咽膜前方的生心区
   D. 一对心管　　　　　E. 一对心房

2. 当胚体头端向腹侧卷褶后,心管和围心腔的位置是(　　)。
   A. 心管在围心腔的腹侧　B. 心管在围心腔的背侧　C. 心管在围心腔的左侧
   D. 心管在围心腔的右侧　E. 心管在围心腔的头侧

3. 原始血循环建立后,卵黄静脉和脐静脉开口于(　　)。
   A. 心球　　　　　　　B. 心房　　　　　　　C. 静脉窦
   D. 心房和静脉窦　　　E. 心球和静脉窦

4. 人胚胎最早的造血部位是(　　)。
   A. 肝　　　　　　　　B. 骨髓　　　　　　　C. 脾
   D. 尿囊　　　　　　　E. 卵黄囊

5. 心管的4个膨大从头至尾依次为（　　）。
　　A. 心球,心室,心房,静脉窦
　　B. 心球,心房,心室,静脉窦
　　C. 心房,心球,心室,静脉窦
　　D. 心室,心房,静脉窦,心球
　　E. 静脉窦,心房,心室,心球
6. 原始造血干细胞来自（　　）。
　　A. 内胚层　　　　　　B. 外胚层　　　　　　C. 胚内中胚层
　　D. 胚外中胚层　　　　E. 滋养层
7. 人胚胎血液循环功能起始于（　　）。
　　A. 第3周末　　　　　B. 第5周末　　　　　C. 第8周末
　　D. 第3个月　　　　　E. 第4个月
8. 法洛四联症是指（　　）。
　　A. 肺动脉狭窄、主动脉骑跨、房间隔缺损、右心室肥大
　　B. 肺动脉狭窄、主动脉骑跨、室间隔缺损、右心室肥大
　　C. 肺动脉狭窄、主动脉骑跨、室间隔缺损、左心室肥大
　　D. 肺动脉狭窄、主动脉骑跨、房间隔缺损、左心室肥大
　　E. 主动脉狭窄、肺动脉骑跨、房间隔缺损、左心室肥大
9. 法洛四联症最主要的成因是（　　）。
　　A. 肺动脉狭窄　　　　B. 主动脉骑跨　　　　C. 室间隔缺损
　　D. 主动脉肺动脉隔偏位　E. 右心室肥大
10. 心球的尾侧部分参与形成（　　）。
　　A. 左心室　　　　　　B. 右心室　　　　　　C. 左心房
　　D. 右心房　　　　　　E. 静脉窦
11. 原始心房分隔时,第一房间孔是（　　）。
　　A. 位于第一房间隔与心内膜垫之间
　　B. 位于第二房间隔与心内膜垫之间
　　C. 由第一房间隔上部变薄穿孔形成
　　D. 由第二房间隔上部穿孔形成
　　E. 由第一房间隔下部变薄穿孔形成
12. 胎儿右心房大部分来自（　　）。
　　A. 心球　　　　　　　B. 原始肺静脉　　　　C. 原始心房
　　D. 静脉窦右角　　　　E. 静脉窦左角
13. 胎儿左、右心房间的血流方向是（　　）。
　　A. 右心房血经第一房间孔至左心房

B. 右心房血经卵圆孔至左心房

C. 左心房血经第一房间孔至右心房

D. 左心房血经卵圆孔至右心房

E. 左右心房血经卵圆孔双向流动

14. 心内膜垫发生于(　　)。
    A. 心球与心室之间的心内膜
    B. 心室与心房之间的心内膜
    C. 心房与静脉窦之间的心内膜
    D. 心球与静脉窦之间的心内膜
    E. 动脉与心球之间的心内膜

15. 原始心房最终演变为(　　)。
    A. 心房的全部　　　B. 心房的大部　　　C. 心房的静脉开口根部
    D. 心耳　　　　　　E. 萎缩退化

16. 胚胎心脏卵圆孔位于(　　)。
    A. 第二房间隔与心内膜垫之间
    B. 第一房间隔与心内膜垫之间
    C. 第一房间隔上部的中央
    D. 第二房间隔上部的中央
    E. 第一房间隔下部的中央

17. 卵圆孔的封闭是由于(　　)。
    A. 第一房间隔与心内膜垫融合
    B. 第一房间隔与第二房间隔融合
    C. 第二房间隔与心内膜垫融合
    D. 心内膜垫向上凸起并封闭
    E. 卵圆孔缩小并封闭

18. 下列关于胎儿血液循环特点的描述,错误的是(　　)。
    A. 富含营养的脐静脉血大部分经静脉导管流入下腔静脉
    B. 脐动脉内的静脉血流入胎盘
    C. 肺动脉的血大部分经动脉导管流入主动脉
    D. 动脉弓的血大部分布到头颈部
    E. 进入右心房的下腔静脉血大部分流入右心室

19. 动脉球嵴是两个相互对应生长的(　　)。
    A. 水平方向走行的嵴　　B. 前后方向走行的嵴　　C. 左右方向走行的嵴
    D. 螺旋状走行的嵴　　　E. 斜向走行的嵴

20. 胎儿血液循环中含氧量最高的是(　　)。
    A. 脐静脉　　　　　　B. 主动脉　　　　　　C. 脐动脉
    D. 肺静脉　　　　　　E. 肺动脉

21. 原始心脏发生于(　　)。
    A. 口咽膜前方的内胚层
    B. 口咽膜前方的中胚层
    C. 口咽膜两侧的中胚层
    D. 口咽膜尾侧的中胚层
    E. 以上都不对

22. 早期心管最先出现三个膨大,由头至尾依次是(　　)。
    A. 心房、心室和静脉窦
    B. 心室、心房和心球
    C. 静脉窦、心球和心室
    D. 心球、心室和心房
    E. 以上都不对

23. 室间孔位于(　　)。
    A. 室间隔肌部与室间隔膜部之间
    B. 室间隔膜部与心内膜垫之间
    C. 室间隔肌部与心内膜垫之间
    D. 室间隔肌部与动脉球嵴之间
    E. 都不对

四、问答题

1. 简述房间隔缺损的常见成因。
2. 简述室间隔缺损的成因。
3. 论述原始心房的分隔。
4. 试述心血管的先天性畸形。

【参考答案】

一、名词解释

1. 球室袢：心管有四个膨大，从头到尾依次为心球、心室、心房和静脉窦。由于心管头尾端被固定在心包上，而游离部（即心球和心室部）生长速度比心包腔扩大的速度快，心球与心室凸向右、前和尾侧方向生长，使心球和心室形成"U"形弯曲，称为球室袢。

2. 心内膜垫：房室管背、腹侧壁内膜组织增生，各形成一个隆起结构，分别称为背、腹心内膜垫。背、腹心内膜垫对向生长并融合，将房室管分隔成左、右房室孔。左、右房室孔周围组织增生，分别形成二尖瓣和三尖瓣。

3. 卵圆孔：是第二房间隔从心房顶部腹侧向心内膜垫方向生长，当其前后缘与心内膜垫接触时，下方留有一个卵圆形的孔。该孔被其左侧的第一房间隔所形成的卵圆孔瓣覆盖，使胎儿时期血液从右心房流向左心房。

4. 法洛四联症：包括四种畸形，肺动脉狭窄、主动脉骑跨、室间隔膜部缺损和右心室肥大。其主要原因是动脉干和心球分隔不均，致使肺动脉狭窄和室间隔膜部缺损，肺动脉狭窄造成右心室肥大，粗大的主动脉向右侧偏移而骑跨在室间隔缺损处。

二、填空题

1. 血岛　血管内皮细胞　造血干细胞
2. 生心区　围心腔　生心板　心管　腹侧
3. 背主动脉　卵黄动脉　脐动脉　弓动脉
4. 动脉干　原始右心室
5. 静脉窦　肺静脉
6. 心内膜垫　左房室管　右房室管　二尖瓣　三尖瓣
7. 间充质　心肌外套层　心肌膜　心外膜
8. 总主静脉　脐静脉　卵黄静脉　左角　右角
9. 肺动脉狭窄　主动脉骑跨　室间隔缺损　右心室肥大
10. 室间隔肌部　室间孔　室间隔肌部上缘　心球嵴　心内膜垫　室间隔膜部
11. 脐动脉　脐静脉　静脉导管　卵圆孔　右心房　左心房　动脉导管
12. 脐静脉　肝圆韧带　静脉导管　静脉韧带　脐动脉　脐外侧韧带　动脉导管　动脉韧带
13. 心球嵴　动脉干嵴　主动脉肺动脉隔　螺旋状　肺动脉干　升主动脉

三、单项选择题

1. C　2. B　3. C　4. E　5. A　6. D　7. A　8. B　9. D　10. B　11. A　12. D

13. B　14. B　15. D　16. A　17. B　18. E　19. D　20. A　21. B　22. D　23. C

四、问答题

1. 简述房间隔缺损的常见成因。

(1) 卵圆孔未闭：

① 卵圆孔瓣上出现许多窗孔；

② 第一房间隔过度吸收，导致卵圆孔瓣太小；

③ 第二房间隔发育异常，形成过大的卵圆孔；

④ 第一房间隔过度吸收，同时第二房间隔又形成过大的卵圆孔。

(2) 心内膜垫发育不全，导致第一房间隔不能与其融合。

(3) 卵圆孔上方的第二房间隔吸收形成窗孔。

(4) 房间隔缺损，形成一房二室的三腔心。

2. 简述室间隔缺损的成因。

(1) 膜部缺损：较常见，由于心内膜垫组织扩展时不能与球嵴和肌部融合所致；

(2) 肌部缺损：较少见，由于心肌膜过度吸收，造成室间隔肌部出现一个或多个孔道。

3. 论述原始心房的分隔。

原始心房的分隔：心房顶部背、腹侧壁先后出现第一、二房间隔，第一房间隔下缘与心内膜垫之间为第一房间孔，在其下缘与心内膜垫组织融合而封闭前，该隔膜上部中央出现第二房间孔。继后，在第一房间右侧出现第二房间隔，第二房间隔的下方保留卵圆孔(foramen ovale)；卵圆孔左侧的第一房间隔成为卵圆孔瓣膜，保证胚胎时期血流由右心房向左心房流动。出生后，卵圆孔关闭，心房完全分隔。

4. 试述心血管的先天性畸形。

(1) 房间隔缺损：最常见为卵圆孔未闭。

(2) 室间隔缺损：膜部缺损较常见。

(3) 主或肺动脉狭窄：因主肺动脉隔偏位，非对称性分隔动脉干和心球所致。

(4) 主动脉和肺动脉错位：因主肺动脉隔形成平直的隔，使主动脉与右心室相通，肺动脉与左心室相通。

(5) 法洛四联症(tetralogy of Fallot)：包括肺动脉狭窄、室间隔膜部缺损、主动脉骑跨和右心室肥大。主要原因是动脉干与心球分隔不均等，使肺动脉狭窄和室间隔膜部缺损，粗大的主动脉骑跨在室间隔缺损处，肺动脉狭窄造成右心室肥大。

(6) 动脉导管未闭：可能是出生以后导管的平滑肌未能收缩，使肺动脉与主动脉仍然相通。